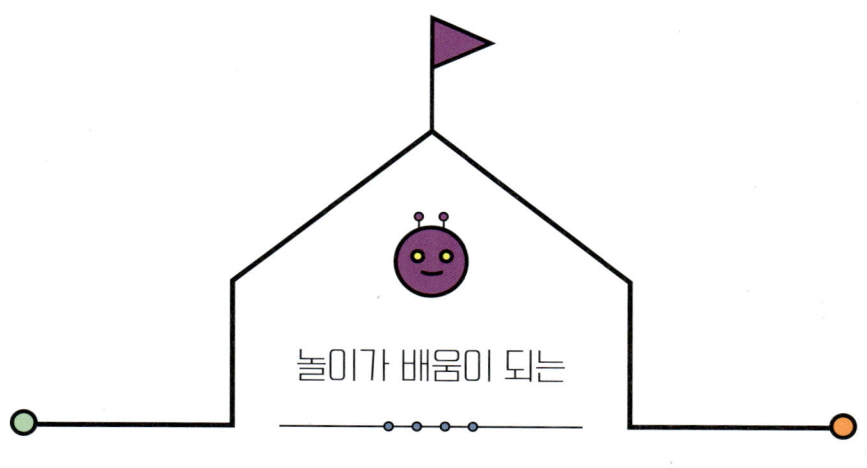

놀이가 배움이 되는

초등 인공지능 수업 첫걸음

추천의 글

기술의 발전은 정치, 경제, 사회, 문화 등 우리가 살아가는 세상을 빠르게 변화시키고 있습니다. 물론, 교육 분야도 예외는 아닙니다. 어쩌면 교육 분야야말로 기술의 발전으로 급격한 변화를 맞이하고 있다고 할 수 있습니다. 특히 인공지능 기술의 급격한 발전은 우리 교육의 변화를 주도하고 있습니다.

디지털 시대에 학생들이 인공지능 기술을 이해하는 것은 매우 중요합니다. 이를 위하여 학교 수업은 학생들이 인공지능 개념 및 응용 프로그램을 경험함으로써 기술적 소양을 갖출 수 있도록 도와주어야 합니다. 어린 나이에 인공지능 개념을 이해하고 경험할 수 있다면 인공지능 기술에 대한 기본적인 이해를 발전시켜 미래를 준비할 수 있을 것입니다. 학생과 학부모, 교사 모두가 인공지능 교육에 부담감을 느끼고 있음에도 초등학교에서 인공지능 교육을 해야만 하는 이유입니다.

"교육의 질은 교사의 질을 뛰어넘을 수 없다."라고 합니다. 너무나도 공감이 가는 말입니다. 학교 현장의 많은 교사가 인공지능에 대한 막연한 두려움을 가지고 있는 현재 상황에서 몇몇 교사들이 선도적으로 인공지능 기술을 교실 교육에 접목하는 시도를 하였고, 자신들의 경험을 한 권의 책으로 묶어서 《초등 인공지능 수업 첫걸음》을 출간한다는 소식을 접한 순간 너무도 기쁘고 자랑스러웠습니다. 《초등 인공지능 수업 첫걸음》이 우리나라 초등학교 인공지능 교육의 발전을 이끌 지침서 역할을 충실히 할 수 있기를 기대합니다.

— 이재호, 경인교육대학교 부총장

인공지능 교육이 초등학교 현장에 도입되면서 교사의 부담이 커졌습니다. 다양한 인공지능 연수에 참여해도, 노하우가 부족한 교사들은 시행착오를 겪을 수밖에 없습니다. 때론 인터넷 환경이나 플랫폼 사용 제한 등 여러 난관에 부딪혀 수업 진행에 어려움을 겪기도 합니다. 이 책은 교실에서 몸소 느낀 한계와 인공지능 교육에 대한 진지한 고민을 바탕으로 완성되었습니다.

《초등 인공지능 수업 첫걸음》은 크게 두 파트로 이루어져 있습니다. 학생들이 재밌게 참여할 수 있는 체험 중심의 인공지능 플랫폼 교육과 인공지능의 작동 방법에 대해 배우는 원리 교육입니다. 담당 학년과 본인의 학교 환경에 맞춰 자율적으로 선택해 수업할 수 있어 선생님들께 큰 도움이 될 것으로 기대합니다. 책 속의 활동을 따라 해보고 초등학교 수업에 적용하는 과정을 통해 초등 인공지능 교육의 전문가로 발돋움하시리라 생각합니다. 여러 선생님들께서 이 책을 참고하셔서 수업의 어려움을 해결하고, 학교 현장에서 인공지능 교육이 성공적으로 확산되기를 희망합니다.

― 허경, 경인교육대학교 컴퓨터교육과 교수

인공지능이 미래 사회의 방향성을 제시하는 영역으로 강조되면서 인공지능의 원리와 활용법을 가르치는 일은 교육자들에게 커다란 숙제가 됐습니다. 이러한 필요와는 반대로 교육 현장에는 인공지능이 어렵고 복잡하다는 인식이 퍼져 있어 제대로 수업하기 어려운 상황입니다. 《초등 인공지능 수업 첫걸음》은 9개의 인공지능 플랫폼을 수업에 적용하는 구체적인 방법부터 지도 학습, 데이터 등 인공지능의 기초 지식까지 친절하게 설명하고 있습니다. 단순한 AI 수업 방법 안내서를 넘어 교육적 영감을 얻을 수 있게 구성되어 선생님들께 큰 도움이 될 것 같습니다. 인공지능 교육을 처음 시작하는 교사, 배경지식이 없어 걱정이 많은 교사 등 인공지능 수업을 준비하고 있는 교육 현장의 전문가들에게 이 책을 추천합니다. 수업 지도안과 PPT, 학습지가 모두 들어있어 누구든 간편하게 인공지능 수업을 시작할 수 있을 것입니다.

― 장신호, 서울교육대학교 과학교육과 교수

생성형 AI의 등장은 인공지능이 인간 생활의 모든 분야에서 커다란 변화를 만들 수 있음을 증명했습니다. 자연히 학생들의 미래 역량과 직결된 인공지능 교육의 필요성은 점점 커지고 있습니다. 이러한 시점에서 인공지능 교육을 선제적으로 연구하고 현장에 적용하고 있는 교사들의 책이 나온다는 소식을 듣게 됐습니다. 인공지능 교육이라는 말을 들으면 우리는 복잡한 텍스트 코딩과 각종 수식이 등장하는 공학적 개념을 생각하기 쉽습니다. 하지만 기술을 구현하는 전문가와 학생들에게 인공지능의 원리를 풀어주는 교육 전문가는 서로 다른 역할을 합니다. 이 책의 저자들은 전국 단위 연수를 수행하며 후자의 역할을 담당하는 전문가들입니다. 이들의 노하우가 담긴 《초등 인공지능 수업 첫걸음》은 어떤 것부터 시작하면 좋을지 고민하는 전국의 교사들에게 구체적인 도움을 줄 것입니다. 또한 수업별 진행 방법과 설계 과정은 물론이고 내실 있는 인공지능 교육의 실현이 가능하도록 지도안과 PPT, 활동지를 함께 제공하기에, 교육 현장에서 아이들을 가르치는 선생님들과 가정에서 인공지능 교육을 시도하는 부모님들께 좋은 지침서가 되리라 생각합니다.

— 장덕진, 평택새빛초등학교 교사

머리말

학생들이 살아갈 미래는 어떤 모습일까요? 영화 「터미네이터」처럼 지능화된 로봇과 대립하는 세상이 열릴까요? 예견하기 어려운 미래이지만 아이들을 가르치는 교사로서 미래 사회가 어떻게 변할지, 무엇이 학생들의 장래에 도움이 될지 궁금합니다. 그래서 불확실한 나중을 걱정하기보단 제가 할 수 있는 일에 집중하기로 다짐했습니다. 바로 학생들의 삶을 바꿀 가능성이 높은 미래에 대비하는 것이죠.

현재의 교육과정엔 학생의 삶에 실질적인 도움을 주는 지식이 한데 모여 있습니다. 수십 년간 검증돼 정통성과 정확성이 높지요. 하지만 빠르게 변화하는 현대 사회의 모습을 담아내진 못합니다. 교육부가 교육과정에 SW와 AI를 강조하고는 있으나 급격한 발전의 속도를 따라잡기는 어려워 보입니다. 바둑 최강자인 이세돌 구단을 꺾은지 10년도 지나지 않아 소설을 쓰고 그림을 그리는 수준까지 발전한 인공지능의 모습을 떠올려 보세요.

인공지능 수업을 실행하는 과정에도 아쉬운 점이 많습니다. 무선 인터넷은 자꾸 끊기고 컴퓨터실의 컴퓨터는 낡아서 인터넷 접속도 제대로 안 되는 경우가 허다하죠. 겨우

겨우 켜서 필요한 사이트에 접속하려는데 로그인을 못해서 "선생님~" 하고 도움을 요청하는 학생들까지. 수업을 준비하는 것만 20분이 넘게 걸립니다. 결국 아이들을 위해 준비한 수업은 펼치지도 못한 채 수업 시간이 끝나고 맙니다.

인공지능을 더 쉽고 재밌게 가르칠 방법을 고민하던 교사들이 'C.I.A'(Class In AI, 인공지능에 빠진 교실)란 이름으로 뭉쳐 이 책을 만들었습니다. 2021년부터 2년 넘게 인공지능을 활용한 수업 방법을 고민하며 배운 내용을 교육 현장에 녹여냈습니다. 함께 개발한 수업 자료는 교사 커뮤니티에 공유하며 인공지능 수업에 관심 있는 전국의 선생님께 도움을 드리고자 했습니다. 이 책은 C.I.A가 개발한 수업 자료를 정리·보완한 것으로 PC, 인터넷 없이도 진행할 수 있는 언플러그드 자료와 인공지능 수업에 처음 도전하는 선생님도 간편하게 따라 할 수 있는 플랫폼 활용 방법 등을 다루고 있습니다.

도움 주신 비상교육 관계자 여러분, 흔쾌히 자문을 맡아주신 경인교대 허경 교수님 그리고 개발을 지원해 주신 한국과학창의재단 담당자님들께 감사의 말씀드립니다.

항상 좋은 수업을 준비하려 노력하시는 선생님들께 무한한 응원과 격려를 보내며 저희의 경험이 인공지능 수업에 도움이 되기를 소망합니다.

2023년 7월,
초등 인공지능 교육 연구회 C.I.A

contents

인공지능 교육이란?

간편하게 꺼내 쓰는 플랫폼 수업

1. 퀵 드로우: 다 함께 AI 퀴즈 대결 _ 18
2. 오토드로우: 꿈 명함 만들기 _ 30
3. 투닝: 웹툰 그리기 _ 42
4. AI 포 오션스: 바다 환경 지키미 로봇 만들기 _ 56
5. 티처블 머신: 가위바위보 인식 로봇 만들기 _ 68
6. 인공지능 비서: 교실 속 한판 승부 _ 82
7. 머신러닝 포 키즈: 삼각형, 너의 이름은 _ 94
8. 코코 데이터 세트: 설명하는 글쓰기 _ 110
9. 구글 렌즈: 여러 언어로 분리배출하기 _ 122

원리가 술술 풀리는 AI 수업

1. 지도 학습: 의사결정 나무로 펭귄 찾기 _ 136
2. 비지도 학습: 나만의 뷔페 만들기 _ 150
3. 강화 학습: 북극곰의 집을 찾아라! _ 164
4. 데이터: 2031년, 전국 초등학교의 수는? _ 178
5. 인공지능 윤리: 누구를 살려야 할까? _ 202

인공지능 수업 Q&A

인공지능 교육이란?

인공지능 교육, 왜 필요한가요?

2016년 3월 '알파고'의 등장부터 2023년 '챗GPT'까지, 불과 7년 만에 세상을 놀라게 하는 서비스가 연이어 등장하며 인공지능은 전성기를 맞이했습니다. 스마트폰 속 인공지능 비서에게 날씨를 물어보거나 온라인 쇼핑몰에서 내가 좋아할 만한 상품을 추천받는 일은 이제 일상이 되었죠. 이 밖에도 법률, 의료, 자동차 등 다양한 분야에서 폭넓은 변화가 나타나고 있어 인공지능이 바꿀 미래의 모습을 정확하게 예측하기는 점점 더 어려워지고 있습니다. 이러한 세상에서 미래 사회를 주도하게 될 이들은 누구일까요? 알파 세대[1], 즉 현재 학교에 다니고 있는 우리 아이들입니다.

알파 세대가 태어나자마자 만난 세상은 스마트폰이 익숙한 디지털 사회입니다. 2020년 이후에는 코로나19로 온라인 문화가 더욱 급속도로 확산하였는데요. 덕분에 아이들은 이미 인공지능 기술이 적용된 플랫폼을 다양하게 활용하고 있습니다. 그러나 이 아이들이 인공지능이 무엇인지 정확히 알고 있을까요? 말은 할 수 있지만 글로 쓰거나 읽을 순 없던 옛사람들처럼 인공지능을 사용하더라도 인공지능이 적용되었는지 모르는 아이들이 대부분일 것입니다. 바로 이 점이 학교에서 인공지능을 교육해야 하는 이유죠. 글을 모르면 세상과 소통하는 데 제약이 있듯 미래 사회에서 인공지능을 모르면 삶을 확장하기 어려울 수 있습니다. 따라서 인공지능과 함께 살아갈 우리 아이들에게 이를 이해하고 활용할 수 있는 기회를 공평하게 제공하는 일이야말로 공교육의 역할이라 할 수 있습니다.

---

[1] 어려서부터 기술적 진보를 경험하며 자라나는 세대로, 2010~2023년에 태어난 이들을 지칭합니다.

인공지능 교육은 어떻게 구성되나요?

인공지능 교육은 이해와 활용, 융합으로 이루어집니다. 먼저 **인공지능 이해 교육**이란 인공지능 자체를 배우는 것입니다. 인공지능의 의미, 역사, 머신러닝 방법, 윤리와 사회적 영향력 등을 다루죠. 책에서 다룰 지도 학습, 비지도 학습, 강화 학습, 데이터, 인공지능 윤리 등이 이해 교육에 해당합니다.

인공지능 기술로 문제를 해결하고 나아가 효율적인 학습 환경에서 교수자와 학습자의 인공지능 활용 역량을 키우는 것은 **활용 교육**에 해당합니다. 초등 수준에서 가장 많이 쓰이는 교육 방법으로 인공지능 기술이 적용된 플랫폼을 체험해 보는 수업이 대표적입니다.

인공지능과 다른 교과 과목을 연결해 가르치는 것은 **융합 교육**에 포함되는데요. 국어 교과서에 소개된 이야기를 읽은 후 인공지능 만화 그리기 플랫폼으로 결말을 그리는 활동을 예로 들 수 있습니다. 융합 교육은 인공지능으로 생활 속 문제를 해결하는 방법을 가르칠 수 있고 수업 시수를 확보하기 편하다는 장점이 있습니다.

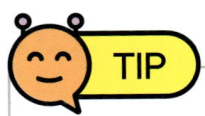

인공지능 수업에 처음으로 도전해 보려고 합니다. 쉽게 시작할 수 있는 방법이 있을까요?

배경지식 없이도 쉽게 진행할 수 있는 플랫폼 활용 수업을 추천합니다. 융합 교육과 이해 교육은 인공지능에 대한 이해도를 높인 후에 진행하시는 편이 좋아요. 이 책에 소개된 플랫폼으로 기본기를 탄탄히 다진 다음 강의나 교육 자료로 부족한 지식을 보강하면 자신감이 생기실 거예요. 가장 쉬운 방법은 책의 내용을 그대로 따라 하거나 학습 상황에 맞게 살짝 변형해 사용하는 겁니다.

인공지능 리터러시란 무엇인가요?

인공지능 리터러시란 읽고 쓰고 듣고 이해하는 소통 능력을 뜻하는 리터러시에 인공지능을 합성한 단어입니다. 정리하면 **인공지능을 이해하고 활용하며 이를 통해 소통할 수 있는 능력**을 뜻하죠. 인공지능과 함께 살아갈 우리 아이들에게 꼭 필요한 능력인 셈입니다. 그렇다면 학생들의 인공지능 리터러시를 길러주기 위해선 어떤 교육이 필요할까요?

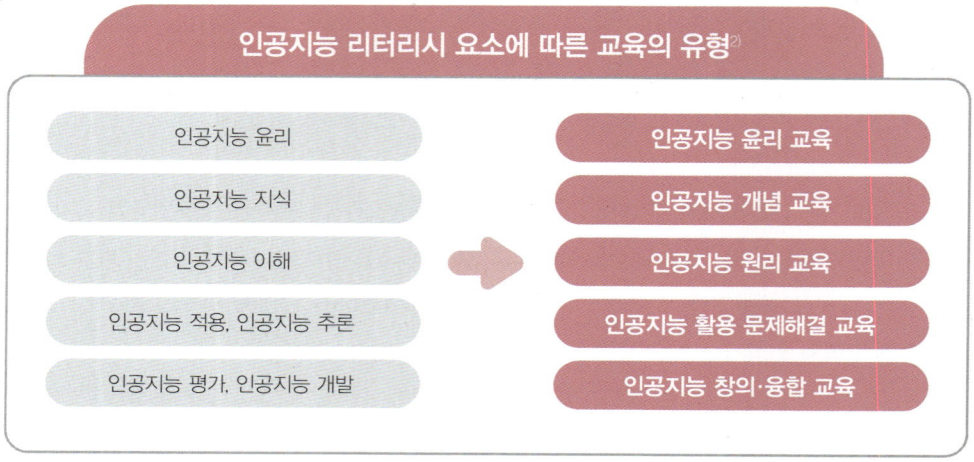

서울시교육청은 인공지능 리터러시를 기르기 위한 교육 방법을 5가지(윤리, 개념, 원리, 문제해결, 창의·융합)로 제시했습니다. 인공지능 윤리와 개념, 원리를 가르치는 과정에서 인공지능 자체에 대한 이해도를 높이고 이를 타 교과나 실생활에 적용한 프로젝트로 연결해 문제해결 교육과 창의·융합 교육을 병행해야 한다는 의미죠. 이러한 총체적인 교육 방법은 인공지능을 자연스럽게 받아들이고 비판적으로 사고하며 더 나아가 인공지능과 함께 할 미래 사회를 설계하는 힘을 키워주리라 기대합니다.

[2] 서울시교육청, 「교원을 위한 인공지능 첫걸음」, p36 참조

인공지능에 대한 10가지 흥미로운 사실

1. 인공지능 시스템은 예술, 음악을 만들고 심지어 농담도 쓸 수 있다.
2. 인공지능은 화성의 데이터를 분석하는 것에서 새로운 외계 행성을 찾는 것에 이르기까지 우주 탐사 분야에 혁명을 일으킬 수 있는 잠재력을 가지고 있다.
3. 인공지능은 혼잡을 줄이기 위해 도시의 교통 흐름을 최적화하는 데 사용될 수 있다.
4. 인공지능은 옷을 입어볼 수 있는 가상 패션모델을 개발하는 데 사용되었다.
5. 인공지능은 신약 개발, 질병 진단, 환자 맞춤형 치료 계획 수립 등에 활용되고 있다.
6. 자율 무기와 같은 인공지능에 대한 잠재적인 군사적 응용도 있다.
7. 인공지능 안전성에 대한 연구와 인공지능 시스템이 윤리적으로 행동하도록 보장하는 연구 분야가 증가하고 있다.
8. 인공지능은 과거의 사건을 바탕으로 미래를 예측할 수 있다.
9. 인공지능은 이미지 및 음성 인식, 자연어 처리, 로봇 공학에 사용될 수 있다.
10. 위 내용은 모두 2022년 11월에 개발된 AI 채팅 로봇인 ChatGPT가 쓴 내용이다.

깜빡 속으셨죠? 윗글에서 알 수 있듯이 인공지능의 성능은 인간과 구분하기 힘들 정도로 크게 발전했습니다. 앞으로 여러분과 학생들이 살아갈 세상은 어떨까요? 인공지능과 함께하는 미래는 이미 시작됐습니다. 인공지능 교육 역시 하면 좋은 것을 넘어 반드시 해야만 하는 것이 되어가고 있습니다. 그럼 실제로 학교에서 어떻게 인공지능 수업을 할 수 있는지 살펴볼까요?

PART 1

간편하게
꺼내 쓰는
플랫폼 수업

플랫폼 소개

퀵 드로우

오토드로우

투닝

AI 포 오션스

티처블 머신

인공지능 비서

머신러닝 포 키즈

코코 데이터 세트

구글 렌즈

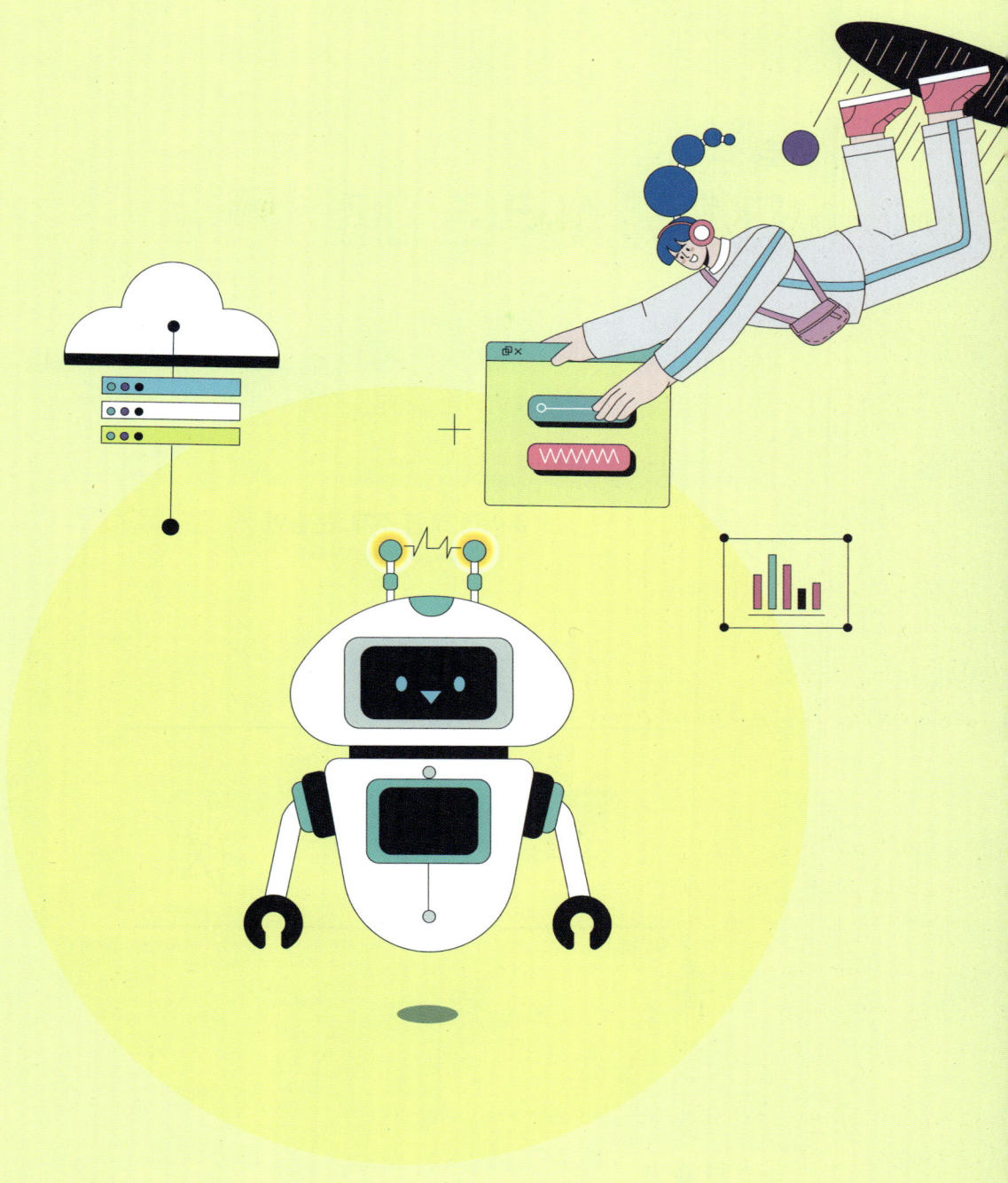

퀵 드로우:
다 함께 AI 퀴즈 대결

- 추천 학년 : 3~6학년
- 수업 시수 : 1차시
- 연계 교과 : 미술

인공지능, 아직도 어렵게만 느껴지나요? 오늘 수업은 인공지능이 어색한 여러분을 위해 준비했어요. 인공지능이 제시어를 알아맞힐 수 있도록 그림을 그려 보세요! 짝꿍과 인공지능, 둘 중 여러분이 그린 그림을 더 정확히 맞히는 쪽은 누구일까요?

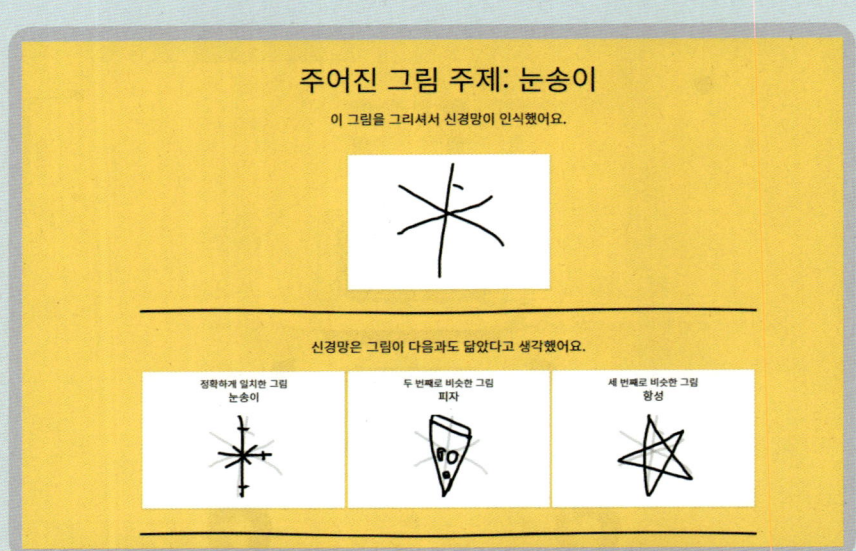

 수업 한 줄 평

제한 시간이 짧아서 반짝 집중하게 돼요!

 ## 머신러닝을 활용한 퀵 드로우

퀵 드로우(Quick, Draw!)는 전 세계 사용자가 그린 제시어 그림에서 공통적인 형태를 학습해 신규 사용자의 그림을 판단하는 프로그램입니다. 사용자의 그림을 알아맞히는 퀴즈 형식으로 구성돼 학생의 흥미를 유도하기 좋습니다. 미술 수업에 인공지능을 활용하는 첫 수업으로 추천합니다.

 ### AI 지식 한 스푼 : 머신러닝이란 무엇인가요?

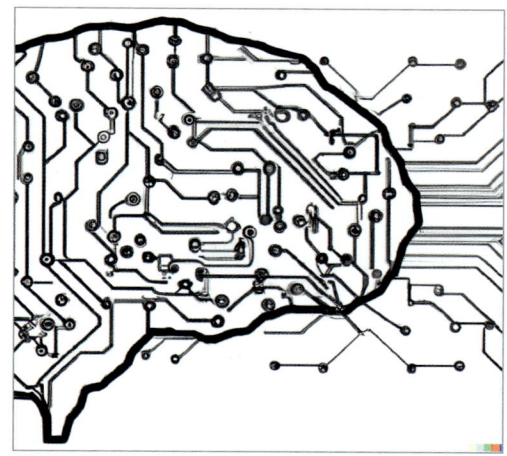

머신러닝을 이야기하기 전에 먼저 인공지능의 정확한 정의부터 알아볼게요. 인공지능이란 사람이 하던 일을 기계가 대신 처리해 주는 자동화 과정을 말해요. 자판기에서 커피를 뽑아 마시는 상황을 상상해 볼까요? 카페 직원이 커피를 만드는 수고를 덜어 주었으니 자판기 역시 인공지능이라 할 수 있죠. 물론 우리가 일반적으로 생각하는 인공지능의 개념과는 거리가 있지만요. 우리 머릿속 인공지능과 가장 가까운 단어는 머신러닝이에요. 말 그대로 기계가 스스로 학습하는 것으로, 특정 데이터를 입력하면 기계가 자동으로 결과를 도출하는 패턴을 배우는 방법이죠. 현재 사용되고 있는 머신러닝의 방법은 다양한데요. 자세한 학습 방법은 PART 2에서 다뤄 볼게요.

사용 방법 이해하기

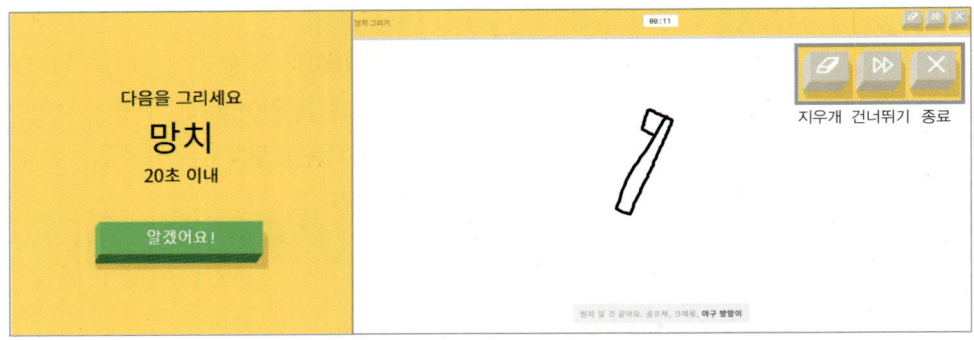

구글에 퀵 드로우를 검색해 접속합니다. 페이지 아랫부분에서 언어를 한국어로 설정한 뒤 '시작하기' 버튼을 클릭해 주세요. 노란색 퀴즈 화면으로 전환된 것 보이시나요? 제시어를 확인하고 '알겠어요!'를 누르면 캔버스가 나옵니다.

20초 안에 제시어를 그립니다. 사용자의 움직임에 따라 인공지능은 비슷한 제시어를 추천해요. 틀린 부분을 수정하고 싶다면 오른쪽 상단의 지우개 모양을 클릭하면 돼요. 그림으로 표현하기 어려운 제시어가 나왔다면 '건너뛰기' 버튼을 클릭하거나 'X'를 눌러 종료할 수 있어요.

퀵 드로우
바로가기

 **다정쌤의 활동 큐레이션**

· 소요 시간 ·   · 난이도 ·

다 함께 AI 퀴즈 대결

간단한 퀴즈 대결로 인공지능에 대한 궁금증과 흥미를 유발해 볼까요? 그림을 그리고 맞히는 과정을 통해 인공지능이 다양한 자료를 학습하며 발전한다는 사실을 깨닫게 될 거예요.

 활동 과정

① 그림판을 실행해 선생님의 제시어를 그림으로 표현하는 퀴즈 게임을 합니다.

② 제한 시간 안에 모둠 친구들이 맞힌 제시어 개수를 확인합니다.

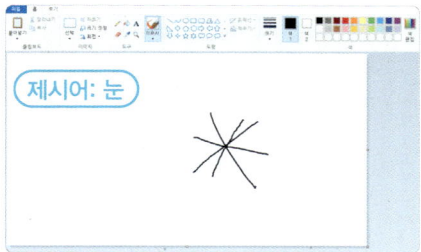

간편하게 꺼내 쓰는 플랫폼 수업 21

③ 퀵 드로우를 시작하고 인공지능의 제시어를 그림으로 그립니다.

④ 플랫폼이 맞힌 문제 수를 확인한 후 각각을 클릭해 인식 내용을 살펴봅니다.

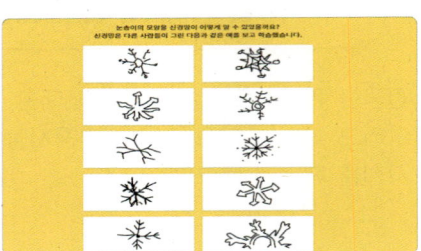

⑤ 짝꿍과 인공지능, 둘 중 누가 더 문제를 잘 맞혔나요? 학습지에 생각을 정리해 봅니다.

> 🌰 **퀵 드로우를 체험하기 전 물음에 답해봅시다.**
>
> 1. 인공지능은 내가 그린 그림을 잘 맞출 수 있을까요? 내 생각을 적어봅시다.
>
>   잘 맞출것 같아요! 인공지능은 학습을 많이 해서 생각보다 똑똑해요.
>
> 2. 인공지능 플랫폼이 문제를 맞힐 수 있는 데이터는 어디서 얻을까요?
>
>   전세계 사용자들이 그린 그림으로 학습해요.
>
> 🌰 **퀵 드로우를 체험한 후 물음에 답해봅시다.**
>
> 1. 인공지능은 내가 그린 그림을 잘 맞힙니까?
>
>   생각보다 못 맞춰요... 50-60% 정도??
>
> 2. 그 이유는 무엇이라고 생각합니까?
>
>   1. 그림이 어려워서?? 이해하기 어렵게 그봄.
>   2. 제시어가 최악이다. 캐논?? 맥심부? 몰라
>
> 3. 활동 후 신기한 점/아쉬운 점이 있다면 하나씩 적어봅시다.
>
>   👍 어떤 건 1-2초만에 맞추는 점
>   👎 제시어가 어렵/그램을 잘 못맞춤.

- 퀵 드로우는 그리는 시간이 제시어 당 20초밖에 되지 않아 패드나 마우스 사용이 미숙한 학생에겐 어려울 수 있습니다. 수업 시작 전에 사용법을 충분히 익히도록 지도해 주세요.
- 퀵 드로우는 대상의 보편적인 모습을 학습해 판단합니다. 아래 이미지를 보면 벌과 나비의 특성을 섞어 그렸을 때 인공지능이 제시어를 추론하기 어려워하는 것을 확인할 수 있습니다. 따라서 그림을 그릴 때는 최대한 전형적인 모습으로 표현해야 해요.

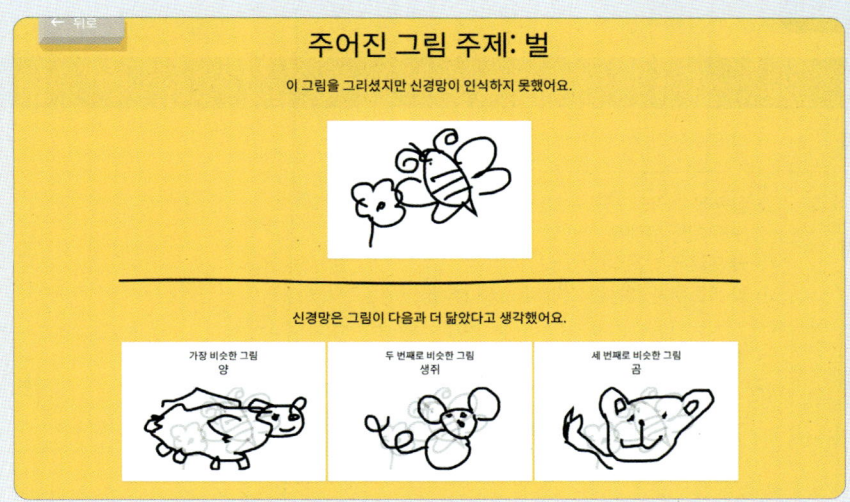

수업 설계안

퀵 드로우는 머신러닝을 바탕으로 이미지를 예측하고 판단합니다. 비슷한 컨셉의 플랫폼으론 뒤에 소개할 오토드로우가 있습니다. 두 서비스 모두 접근과 사용이 간편해 인공지능 수업을 처음 접하는 학생들에게 적합하죠. 이번 차시에서 퀴즈로 인공지능과 가까워지면 다음 차시부터는 더욱 다양한 인공지능 기술들을 부담감 없이 받아들일 수 있을 거예요.

1차시

단계	내용	시간(분)
도입	• 퀵 드로우의 원리 설명하기	5
전개	• 칠판에 그려진 친구의 그림을 보고 제시어 맞히기 (인공지능 플랫폼 아날로그로 체험해 보기) • 퀵 드로우 활용 방법 익히기 • 퀵 드로우를 활용한 그림 퀴즈 해 보기	30
정리	• 퀵 드로우 퀴즈를 하고 난 후 느낀 점 이야기하기 • 인공지능과 아날로그 방법을 비교해 보며 각 방법의 좋았던 점, 아쉬운 점, 바라는 점 생각해 보기	5

어떤 효과가 있나요?

학생들은 인공지능에게 문제를 내고 맞히는 과정을 반복하며 많은 사람의 참여가 데이터 증가로 이어지고 결국 더 나은 머신러닝 인공지능이 개발될 수 있다는 사실을 깨닫게 됩니다. 또한 활동에 재미있게 참여하는 것을 넘어 인공지능의 기능이나 앞으로의 발전 방향에 대해서도 생각해 보는 계기가 될 거예요. 그러니 학생들이 이 부분을 놓치지 않고 이해할 수 있도록 선생님이 설명을 곁들여 주세요.

 # 수업 지도안

학습 목표

퀵 드로우를 통해 인공지능의 이미지 인식 능력을 확인하고 이를 활용한 미술 작품을 만들어 봅니다.

준비물

도구	플랫폼
태블릿 PC 또는 컴퓨터	퀵 드로우

교육 과정 연계

교과	성취기준
실과	[6실04–07] 소프트웨어가 적용된 사례를 찾아보고 우리 생활에 미치는 영향을 이해한다.

수업 자료
다운로드

1차시 수업 지도안

학습 목표	퀵 드로우를 통해 인공지능의 이미지 인식 능력을 확인하고 이를 활용한 미술 작품을 만들어 봅니다.
준비물	태블릿 PC 또는 컴퓨터, 스마트폰
지도상의 유의점	제시어당 시간이 20초로 제한되므로 마우스, 패드 조작에 미숙한 학생들에겐 미리 주의를 주세요.

학습 단계	교수·학습 활동	시간(분)	활용 자료 및 지도 팁

도입	● 동기 유발: 그림판에 그림 그리기
	  − 그림판(혹은 칠판)에 교사(또는 학생)가 그림을 그리고 단어를 알아맞히는 놀이하기
	  − 제시어의 보편적인 모습을 그려야 한다고 설명하며 퀵 드로우에 대한 동기유발 시작하기
	● 학습 목표 제시
		5	

전개 1	● 친구에게 제시어 설명하기
	  − 교사가 제시한 제시어를 종이에 그려 설명하고, 모둠원이 알아맞히기
	● 정답 확인하기
	  − 모둠원이 맞힌 개수를 확인하기
	  − 사람이 직접 그리고 맞히는 것의 장단점을 이야기하기
		15	**TIP**
			인공지능 사용에 앞서 그림 맞히기 퀴즈를 하며 사람의 인식 능력을 확인합니다.

전개 2	● 퀵 드로우 사이트 접속 및 퀴즈 참여하기
	● 확인하기
	  − 플랫폼이 맞힌 문제 개수를 확인하기
	  − 각 제시어 그림을 클릭해 보기
	  − 학생의 대답을 토대로 퀵 드로우의 학습 원리 소개하기
	  − 퀵 드로우 그림 퀴즈를 해보고 인공지능을 활용한 퀴즈의 장단점을 이야기하기
		15	**TIP**
			펜이 있는 태블릿 PC면 더 좋습니다.

정리	● 정리하기
	  − 문제를 맞힐 때 인간이 우수했던 점, 인공지능이 우수했던 점을 정리하기
	  − 인공지능 기술이 갖는 한계 이야기하기
	  − 인공지능 활용 플랫폼이 더욱 발전할 가능성이 있음을 논의하기
	● 다음 차시 예고
		5	

수업 PPT

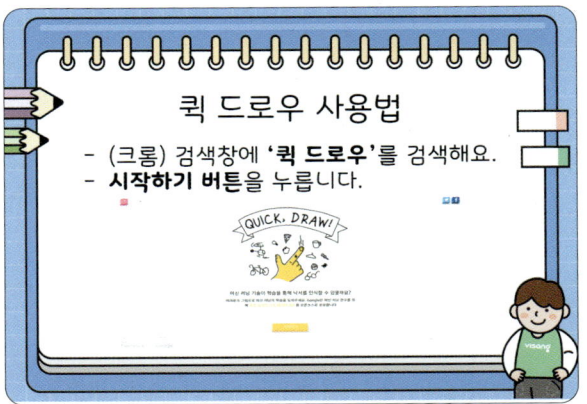

 활동지

학생 활동지

퀵 드로우로 인공지능과 퀴즈 게임 한 판!

학년   반   이름

 오늘 체험해 볼 플랫폼의 이름은 무엇인가요?

 퀵 드로우를 체험하기 전 물음에 답해봅시다.

1. 인공지능은 내가 그린 그림을 잘 맞힐 수 있을까요? 내 생각을 적어봅시다.

2. 인공지능 플랫폼이 문제를 맞힐 수 있는 데이터는 어디서 얻을까요?

 퀵 드로우를 체험한 후 물음에 답해봅시다.

1. 인공지능은 내가 그린 그림을 잘 맞힙니까?

2. 그 이유는 무엇이라고 생각합니까?

3. 활동 후 신기한 점/ 아쉬운 점이 있다면 하나씩 적어봅시다.

 다시 한번 퀴즈를 내봅시다.

C.I.A (Class in A.I)

MEMO

2 오토드로우: 꿈 명함 만들기

- 추천 학년 : 5학년 이상
- 수업 시수 : 2차시
- 연계 교과 : 미술

미술 시간만 되면 괜히 주눅 드는 사람? 바로 저예요! 처음엔 큰 꿈을 갖고 펜을 잡지만 막상 완성된 결과물을 보면 실망할 때가 많죠. 오늘 수업이 끝나면 여러분의 걱정이 싹 사라질 거예요. 아무렇게나 그려도 찰떡같이 알아듣고 멋진 작품으로 바꿔 주는 오토드로우가 있으니까요.

수업 한 줄 평

그림 실력이 부족해도 원하는 대로 표현할 수 있어 자신감이 생겨요!

 ## 이미지를 인식하는 오토드로우

오토드로우(AutoDraw)는 인공지능이 다양한 그림을 수집해 자동으로 그려주는 플랫폼이에요. 사용자의 그림을 인식하는 퀵 드로우에서 한 걸음 더 나아가 사용자의 그림과 유사한 이미지를 추천해 줍니다. 그리기 외에 도형 삽입, 색칠하기 같은 기능이 포함돼 있어 간단한 미술 작품을 만들기 좋습니다.

사용 방법 이해하기

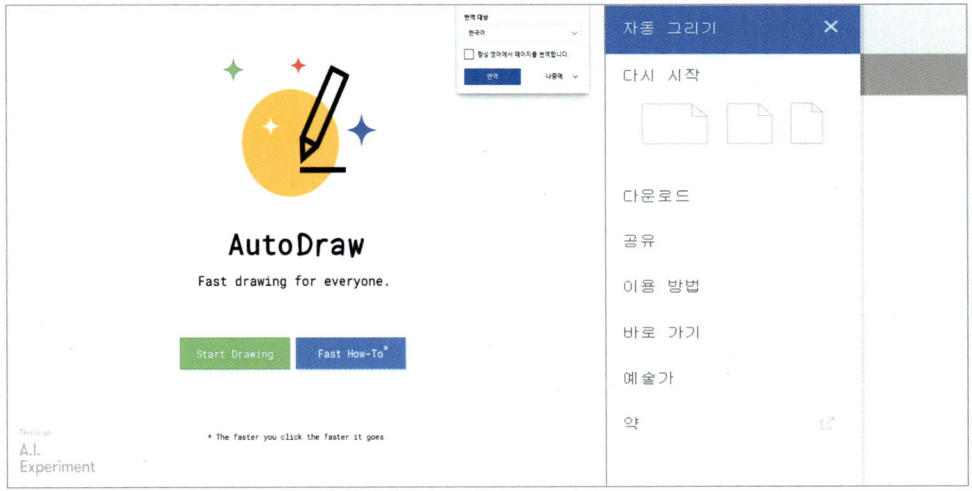

오토드로우에 접속해 'Start Drawing'를 클릭합니다. 왼쪽 상단의 메뉴를 클릭하면 종이 크기를 변경할 수 있습니다. 패드를 사용할 땐 화면을 가로 모드로 전환한 후에 가로로 긴 종이를 선택하면 편하게 그릴 수 있어요.

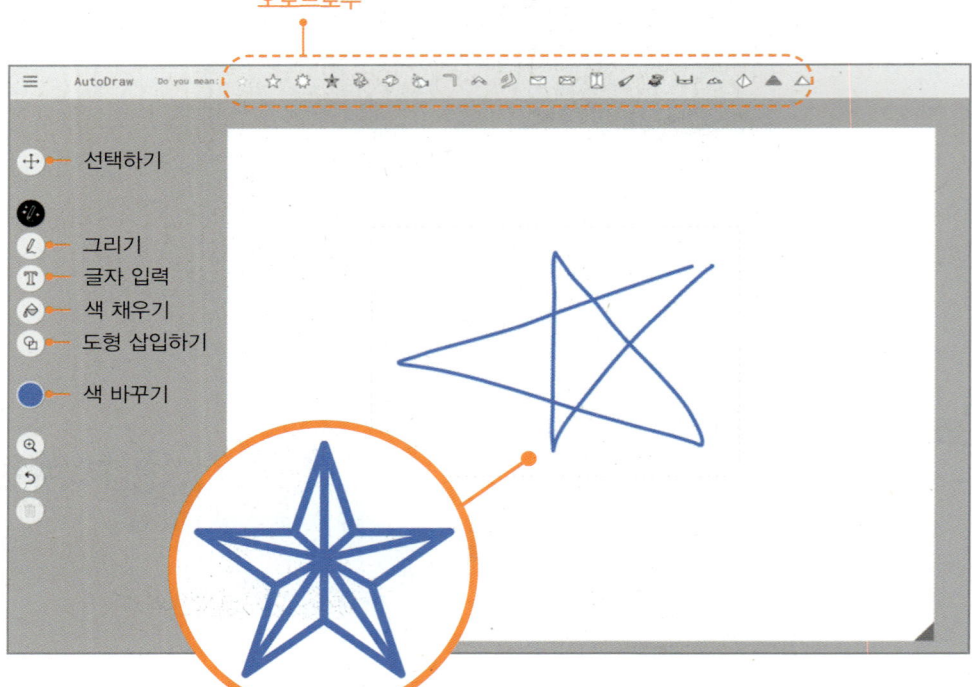

오토드로우를 누른 상태에서 별을 그려 보겠습니다. 위쪽에 별과 유사한 모양들이 제시되는 것을 확인할 수 있는데요. 인공지능이 실시간으로 사용자의 그림을 인식하고 비슷한 형태를 찾아 추천해 준 것입니다. 추천 이미지를 클릭하면 사용자의 그림이 해당 아이콘으로 변경됩니다. 이 밖에도 글자 입력, 색 채우기 등 다양한 기능을 충분히 탐색하는 시간을 가지면 멋진 작품을 만들어 낼 수 있습니다. 단 한글 글씨체의 경우 기본 글꼴만 지원해 변경이 어려우니 개성 있는 글씨체를 원한다면 영어로 입력해 보세요.

오토드로우는 그리기에 자신이 없지만 완성도를 높이고 싶어 하는 고학년 학생들에게 인기가 좋습니다. 좀 더 섬세하게 그리길 원한다면 펜이 있는 태블릿에서 실행해 보세요.

• 오토드로우 바로가기

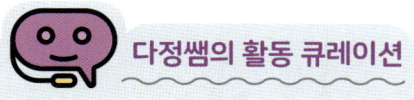  

• 소요 시간 •　　• 난이도 •

꿈 명함 만들기

이번 시간에는 오토드로우를 활용해 나의 꿈을 담은 명함을 만들어 보겠습니다. 20년 후 나는 어떤 일을 하고 있을까요? 꿈을 상징하는 그림을 그려 나만의 명함을 완성해 보세요.

 활동 과정

① '오토드로우' 기능을 켜고 꿈과 관련된 그림을 그립니다.

② 인공지능이 추천한 그림을 클릭하고 '선택하기' 기능을 활용해 배치합니다.

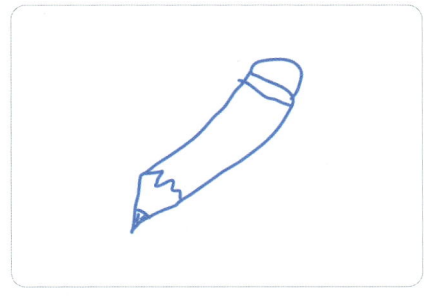 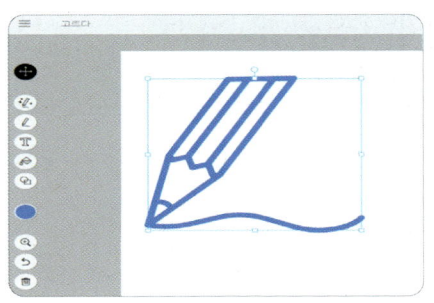

③ '색 바꾸기' 기능을 이용해 원하는 색깔을 입혀 보세요.

④ '작성하기'를 클릭해 나의 미래 모습을 자세히 적어 보세요.

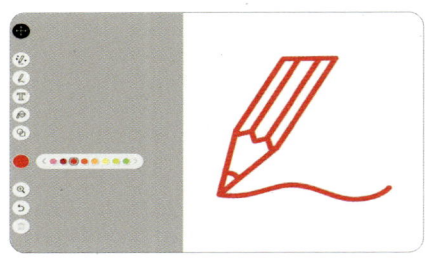
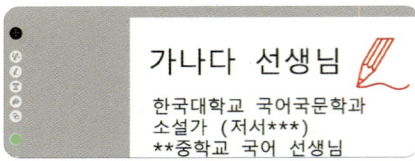

⑤ '채우기'를 배경에 적용하면 바탕색을 바꿀 수 있어요. 다양한 꾸미기 요소를 추가해 명함을 완성해 보세요.

⑥ 완성작은 '다운로드'를 클릭해 파일로 저장합니다.

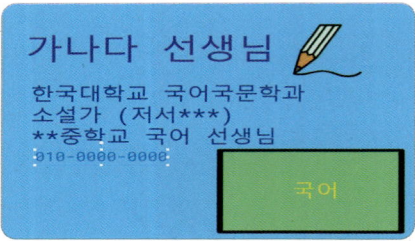

완성 작품은 어떻게 공유하나요?

저는 명함을 꼭 인쇄해서 나눠주는 편인데요. 학생들의 반응이 굉장히 좋습니다. 자신의 꿈이 적힌 명함을 소중히 보관하는 경우가 많고 친구들끼리 자랑스럽게 서로의 작품을 교환하기도 해요. 학급 패들렛에 올리는 것도 좋은 방법입니다. 학생들이 반 친구들의 명함을 감상하며 꿈에 관해 이야기를 나누는 시간을 만들어 주세요.

 **다정쌤의 팁**

- 열심히 공들인 시간이 헛수고가 되지 않게 작품을 꼭 저장하도록 지도해 주세요.
- 컴퓨터나 마우스 사용이 미숙한 학생들은 그림 그리기를 어려워할 수 있어요. 이때는 태블릿 PC를 사용해 보세요.
- 오토드로우는 많은 색상을 지원하진 않습니다. 어떤 색이 있는지 확인할 시간을 충분히 제공해 학생들이 원하는 색과 최대한 비슷한 색을 사용하도록 도와주세요.
- 크리스마스카드, 간판, 초대장 등 양식을 변형해 다양한 수업에 적용할 수 있어요.

수업 설계안

인공지능이 그린 미술 작품을 감상한 후 오토드로우로 직접 그려 보는 활동으로 수업을 설계해 보겠습니다. 이때 같은 머신러닝 기술 기반 플랫폼인 퀵 드로우와 엮어 3차시로 수업을 구성하면 효과를 더욱 높일 수 있는데요. 퀵 드로우를 활용한 퀴즈 활동을 1차시에 배치해 인공지능 기술을 체험해 보고 이어지는 차시에서 직접 작품을 그려보는 식이죠.

2차시

단계	내용	시간(분)
도입	• 인공지능을 활용한 미술 작품 감상하기	10
전개	• 오토드로우 기본 기능 익히기 • 오토드로우를 활용한 명함 만들기 • 학급 패들렛에 작품을 올리고 응원 댓글 달기	50
정리	• 작품을 만들며 느낀 점 이야기하기 • 오토드로우를 활용할 수 있는 사례 더 찾아보기	20

어떤 효과가 있나요?

프로그램 스스로 그림을 인식하고 다듬는 과정을 경험하면서 학생들은 인공지능에 친숙함을 느끼게 됩니다. 어렵게만 느껴진 인공지능 기술이 실제 우리 생활 속에 자연스럽게 녹아 있음을 배우게 되죠. 수업을 통해 얻은 성공감은 다가올 미래에 대한 관심과 기대로 이어질 거예요.

 **수업 지도안**

학습 목표

오토드로우를 통해 인공지능의 미술 인식 능력을 확인하고 이를 활용한 미술 작품을 만들어 봅니다.

준비물

도구	플랫폼
태블릿 PC 또는 컴퓨터	오토드로우

교육 과정 연계

교과	성취기준
실과	[6실04-02] 생활 속 디지털 기술의 중요성을 이해하고, 디지털 기기와 디지털 콘텐츠 저작 도구를 사용하여 발표 자료를 만들어 보면서 디지털 기기의 활용 능력을 기른다.

수업 자료
다운로드

🔗 2차시 수업 지도안

학습 목표	오토드로우를 통해 인공지능의 미술 인식 능력을 확인하고 이를 활용한 미술 작품을 만들어 봅니다.
준비물	태블릿 PC 또는 컴퓨터, 스마트폰
지도상의 유의점	– 미술에 자신 없는 학생도 인공지능 기술을 활용하면 멋진 작품을 그릴 수 있음을 설명합니다. – 완성된 자료를 다운로드해 파일 전송 사이트에 올리도록 안내합니다.

학습 단계	교수·학습 활동	시간(분)	활용 자료 및 지도 팁
도입	● AI가 그린 그림 소개하기 – 미드저니, 달리 등 인공지능 이미지 생성 사이트에서 만든 그림 소개하기 ● 오토드로우 소개하기 – 오토드로우 플랫폼 소개하기 – 인공지능의 유용성과 원리 알아보기 ● 학습 목표 제시하기	10	💬 TIP 인공지능의 도움을 받으면 완성도 높은 작품을 그릴 수 있음을 강조해 주세요.
전개 1	● 오토드로우로 그림 그리기 – 색 바꾸기, 선택하기, 칠하기 등 기능을 설명하고 스스로 탐색해 보기 – 꿈 명함 만들기 ● 업로드 하기 – '메뉴 → 다운로드' 기능을 활용해 기기에 저장하기 – 학급 플랫폼(밴드, 클래스123, 패들렛 등)에 올리기	30	💬 TIP 학급 작품을 게재할 온라인 플랫폼을 준비합니다.
전개 2	● 친구의 작품 감상하기 – 학급 플랫폼에서 친구들의 작품 감상하기 – 친구의 꿈을 응원하는 댓글 달기	25	💬 TIP 게시물에 댓글을 달 때 잘한 부분을 칭찬하도록 지도해 주세요.
전개 3	● 인쇄된 작품 확인하고 발표하기 – 꿈 명함 인쇄본을 나눠 갖기 – 나의 꿈을 발표하는 시간 갖기	10	💬 TIP 기호에 따라 생략해도 좋습니다.
정리	● 정리하기 – 인공지능을 활용해 명함을 만든 소감 나누기 – 평소 나의 그림과 인공지능이 그린 그림의 완성도 차이 비교하기 – 인공지능 플랫폼을 활용한 그림 그리기의 아쉬운 점 나누기 ● 다음 차시 예고	5	

수업 PPT

 **활동지**

학생 활동지
오토드로우를 활용한 미술 작품 만들기

학년   반   이름

🐤 오늘 체험해 볼 플랫폼의 이름은 무엇인가요?

┌───┐
│   │
└───┘

🐤 오토드로우의 각 기능을 적어봅시다.

- `Select` 선택하기:
- `Draw` 그리기:
- `Type` 작성하기:
- `Fill` 채우기:
- `Shape` 모양:
- `AutoDraw` 오토드로우:

🐤 내가 그리고 싶은 그림의 도안을 그려 봅시다.

┌───┐
│   │
│   │
│   │
│   │
└───┘

C.I.A (Class In A.I)

MEMO

3 투닝: 웹툰 그리기

- **추천 학년** : 3~6학년
- **수업 시수** : 1차시
- **연계 교과** : 국어, 미술

여러분, 웹툰 본 적 있나요? 요즘은 인터넷 사이트나 모바일 앱을 통해 쉽게 접할 수 있는데요. 최근 인공지능 기술이 발전하면서 나만의 웹툰 캐릭터를 간단하게 만들 수 있는 방법이 생겼대요! 인공지능을 활용해 생각을 만화로 표현하는 웹툰 작가가 되어 볼까요?

수업 한 줄 평

인공지능과 함께라면 누구든 웹툰 작가가 될 수 있어요!

텍스트를 그림으로 바꾸는 **투닝**

투닝(Tooning)은 특별한 그림 솜씨 없이도 네 컷 만화, 카드 뉴스 등의 콘텐츠를 쉽게 만들 수 있는 플랫폼입니다. 텍스트를 만화로 바꿔주는 TTT 기술과 스케치로 이미지를 생성하는 STT 기술이 적용돼 나만의 이야기만 있다면 누구나 창작자가 될 수 있습니다. 교육용 템플릿을 별도로 제공하기 때문에 학생들이 안전하게 사용할 수도 있답니다.

AI 지식 한 스푼 : 맞춤형 웹툰 추천과 번역 서비스

유명 웹툰 플랫폼은 인공지능 기술을 적용해 사용자의 취향에 맞춰 웹툰을 추천하는 서비스를 운영합니다. 이용 패턴, 검색 기록, 콘텐츠 평가 등 사용자의 데이터를 분석해 좋아할 만한 콘텐츠를 추천한 후 사용자가 해당 추천 건을 선택하면 이에 대한 선호도를 다시 분석해 서비스를 고도화하는 방식입니다. 해외 이용자를 위한 번역 서비스를 제공하는 경우도 있습니다. 웹툰 내 텍스트를 자동 번역한 후 검수 과정을 거치며 번역의 속도와 정확성을 높입니다. 물론 자동 번역과 검수에는 모두 인공지능 기술이 적용됩니다.

사용 방법 이해하기

투닝 홈페이지에 접속합니다. 최신 버전 크롬 브라우저 사용을 추천하며 완성 작품의 저장과 다운로드를 위해 미리 회원가입을 하는 것이 좋습니다. 투닝은 교직원을 대상으로 교육용 Pro 계정을 무료로 지원합니다. ooo@korea.kr, ooo@sen.go.kr 같은 교육자 이메일로 회원가입을 한 후 '홈페이지 → 서비스 소개 → 교육용 메뉴' 순으로 접속해 계정 전환을 신청합니다. 인증이 완료되면 무료 계정보다 다양한 템플릿과 캐릭터로 플랫폼을 체험할 수 있습니다.

① 템플릿 적용하기

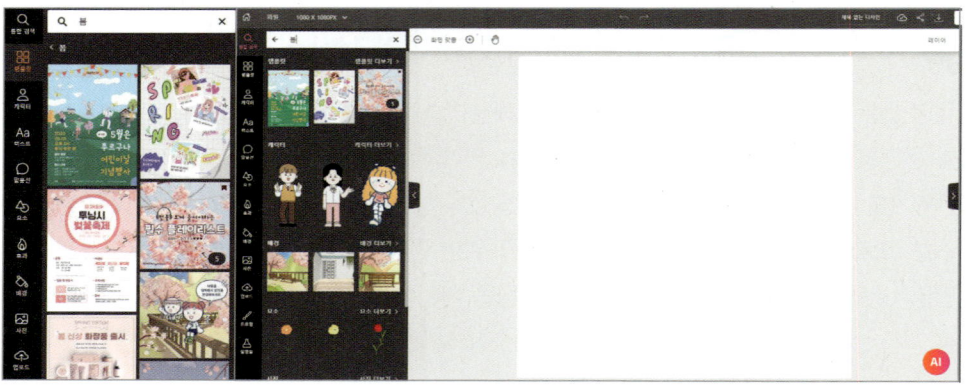

로그인을 하면 그림을 그릴 수 있는 캔버스 화면이 나옵니다. 먼저 왼쪽의 템플릿부터 살펴보겠습니다. 웹툰, 포스터, 메시지 카드, 프레젠테이션 등 다양한 예시가 있는데요. 마음에 드는 이미지를 클릭해 작업 화면에 불러온 후 글자, 구성 요소 등을 자유롭게 변형할 수 있습니다.

② 문장으로 툰 생성하기

'문장으로 툰 생성' 기능을 활용하면 간단한 문장 입력만으로 웹툰의 한 장면을 만들 수 있는데요. 텍스트를 기반으로 만화를 생성하는 TTT(Text to Toon) 기술이 적용된 덕입니다. TTT 기술은 만화 스타일의 이미지 데이터 세트로 딥러닝 모델을 훈련해 만드는데요. 그 결과 우리는 간단한 문장만으로 완성도 있는 만화 이미지를 생성할 수 있게 되는 것이죠. 캔버스 오른쪽의 'AI 메뉴 → 문장으로 툰 생성' 버튼을 클릭해 실습해 봅시다.

동글이(인물)가 책을 읽는다(상황), "재밌네"(발화)처럼 인물, 상황, 발화의 순서대로 문장을 입력하면 이미지가 바로 생성됩니다. 캐릭터를 그리고 말풍선에 내용을 입력하는 수고 없이 간단하게 그림이 완성되었죠? 완성된 그림은 세부 기능을 눌러 위치를 변경하거나 수정할 수 있습니다.

③ 낙서로 이미지 요소 검색하기

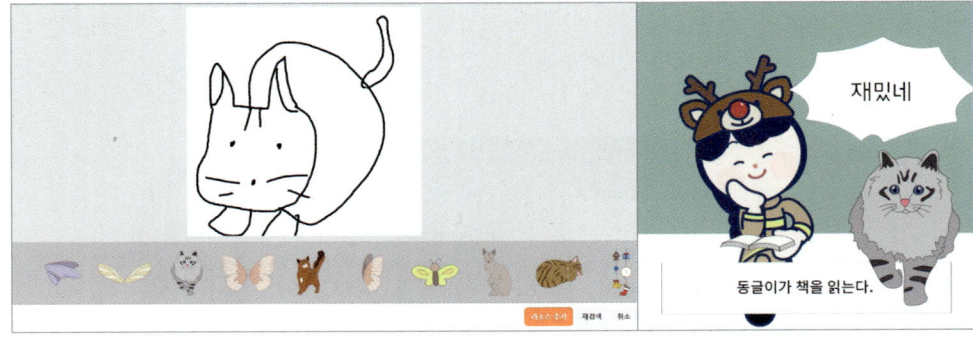

STT(Sketch to Toon) 기술은 스케치를 기반으로 만화를 생성하는 기술인데요. 메뉴에서 '그림으로 요소 검색하기'를 클릭해 사용할 수 있습니다. 예를 들어 엎드려 있는 고양이 그림을 찾고 싶다면 캔버스에 대략적인 고양이 그림을 그려 보세요. 투닝의 인공지능이 나의 그림을 인식해 비슷한 요소들을 추천해 줄 거예요. 인공지능의 추천 그림 중 내가 원하는 요소를 클릭하고 '리소스 추가' 버튼을 누르면 캔버스에 나타납니다.

④ 사진으로 캐릭터 생성하기

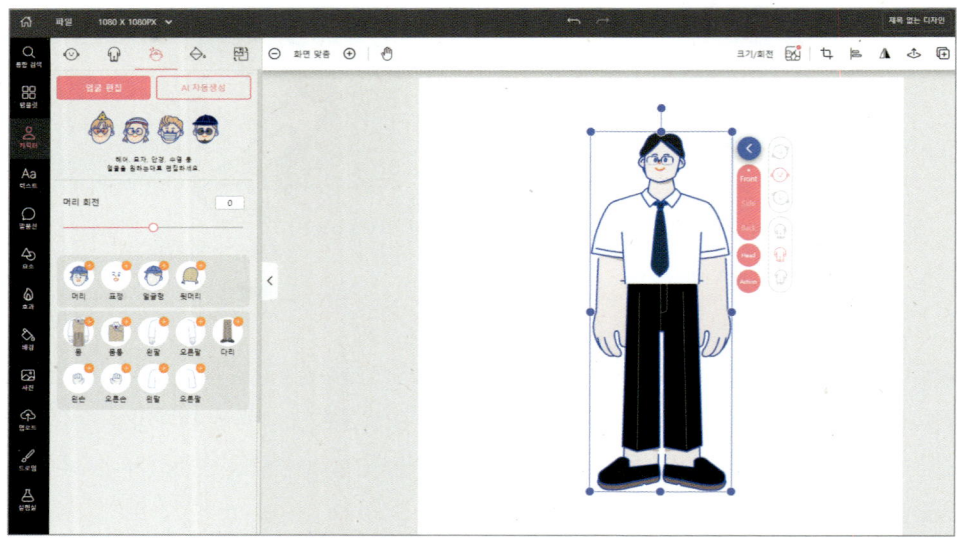

이번에는 나를 쏙 빼닮은 만화 속 캐릭터를 만들어 볼까요? 먼저 메뉴에서 나와 비슷한 캐릭터를 선택한 후 상단 탭에서 세 번째 아이콘을 클릭합니다. 그다음 'AI 자동 생성' 버튼을 누르고 웹캠을 이용해 내 얼굴 데이터를 입력합니다.

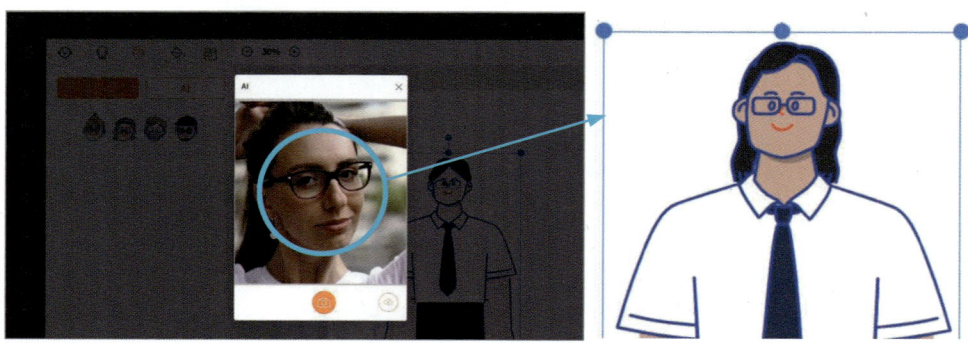

어때요? 여러분과 비슷하게 생겼나요? 이처럼 투닝의 STC(Shoot to Character) 기능을 활용하면 다양한 캐릭터를 손쉽게 만들 수 있습니다.

⑤ 글로 캐릭터 연출하기

마지막으로 글자를 입력해 캐릭터의 포즈와 표정을 바꾸는 방법에 대해 알아보겠습니다. 왼쪽 상단의 캐릭터 메뉴를 클릭해 원하는 캐릭터를 캔버스에 끌어옵니다. 캐릭터 옆엔 연출하고자 하는 문장을 텍스트로 입력해 볼게요. '힘들어요'라는 글자를 넣고 아래의 주황색 'AI 버튼'을 누르면 내가 입력한 문장에 맞춰 캐릭터의 표정과 포즈가 자동으로 바뀌는 것을 확인할 수 있어요.

투닝 바로가기

 소정쌤의 활동 큐레이션

 • 소요 시간 •
 • 난이도 •

소설의 뒷이야기를 상상해 웹툰 그리기

교과서 속 딱딱한 이야기를 만화로 표현해 볼까요? 홍길동전을 읽고 이어질 내용을 상상해 웹툰을 그려 봅시다.

활동 과정

① 이야기의 다음 내용을 세 장면짜리 스토리보드로 작성합니다.

장면 1	바다 속 용궁에 도착한 홍길동
장면 2	용왕이 홍길동에게 미션을 준다
장면 3	…

② 한복을 입은 캐릭터를 검색하고 'AI 자동 생성' 기능을 적용합니다.

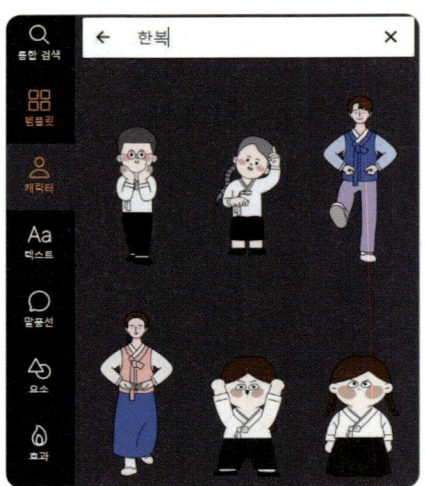

③ 웹캠으로 얼굴을 촬영하면 나와 닮은 캐릭터를 만들 수 있어요.

④ 배경과 요소를 추가해 나만의 웹툰을 완성합니다.

 소정쌤의 팁

- 인터넷 사용이 가능한 환경에서 노트북이나 태블릿 PC로 접속해요.
- 최신 크롬 브라우저에서 접속하는 것이 좋아요.
- 작업물을 저장하려면 학생들도 회원가입을 해야 해요.
- 교육용 Pro 계정으로 전환한 후에는 작업물 공유 폴더 기능을 사용해 관리할 수 있어요. '나의 작업'으로 이동해 폴더 공유를 허용한 후 생성된 코드 번호를 학생들에게 알려 주면 돼요.

수업 설계안

투닝의 텍스트·이미지 인식 기술을 국어와 미술 교과에 접목한 수업입니다. 글의 내용을 요약하고 재구성하는 것에 어려움을 느끼는 학생들에게 흥미를 유발하기 좋습니다. 이야기의 내용을 파악해 스토리보드를 작성하고 이를 만화로 표현하는 과정은 학생의 문해력과 사고력을 키워줄 거예요.

1차시

단계	내용	시간(분)
도입	• 인공지능이 학습하는 방법 알아보기	5
전개	• 투닝에 적용된 인공지능 기술 찾아보기 • 투닝의 기본 기능 익히기	15
전개	• 교과서 읽기 자료 내용 요약하기 • 이어질 내용을 상상해 웹툰으로 표현하기	15
정리	• 나만의 웹툰 발표하기	5

 **수업 지도안**

 학습 목표

투닝을 활용해 이야기의 이어지는 내용을 상상해 그릴 수 있습니다.

준비물

도구	플랫폼
태블릿 PC 또는 컴퓨터	투닝

교육 과정 연계

교과	성취기준
미술	[6미02-02] 디지털 매체 등 다양한 표현 재료와 용구를 탐색해 작품 제작에 활용할 수 있다.
국어	[6국02-02] 글에서 생략된 내용이나 함축된 표현을 문맥을 고려해 추론한다.

수업 자료
다운로드

🔗 1차시 수업 지도안

학습 목표	투닝을 활용해 이야기의 이어지는 내용을 상상해 그릴 수 있습니다.		
준비물	수업 PPT, 활동지, 태블릿 PC 또는 컴퓨터		
지도상의 유의점	웹툰 외에도 다양한 교과 주제와 연계해 포스터나 메시지 카드 만들기 활동으로 변형해 진행할 수 있습니다.		
학습 단계	교수·학습 활동	시간(분)	활용 자료 및 지도 팁
도입	● 동기 유발 　- 인공지능의 유용성과 원리 알아보기 ● 학습 목표 제시하기 　- 이야기의 이어질 내용을 상상해 그리기	5	
전개 1	● 활동 1. 투닝 속 인공지능 찾기 　- 투닝에 적용된 인공지능 기술 알아보기 　　(문장 인식, 이미지 인식, 텍스트 인식) 　- 투닝의 기본 기능 익히기	15	**TIP** 투닝의 기본 사용법과 인공지능의 학습 원리를 간단히 설명해요.
전개 2	● 활동 2. 나는 AI 웹툰 작가! 　- 교과서 속 읽기 자료 내용 요약하기 　- 뒷이야기를 상상해 스토리보드로 작성하기 　- 이어질 내용을 3컷 만화로 표현하기 　- 투닝 캐릭터 기능을 활용해 나와 비슷한 캐릭터를 생성하고 이야기 완성하기	15	**TIP** 활동지에 내용을 구성해 본 후에 투닝을 이용하는 방법을 추천해요.
정리	● 정리하기 　- 나만의 웹툰 발표하기 　- 인공지능의 원리 정리하기 ● 다음 차시 예고	5	**TIP** 패들렛, 위두랑 등 플랫폼을 활용해 완성작을 공유해 보세요.

수업 PPT

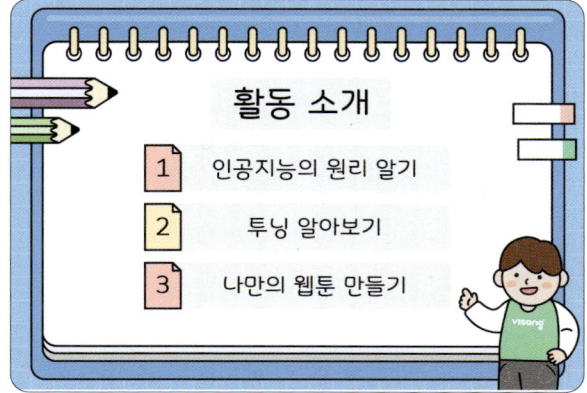

활동지

학생 활동지

투닝으로 뒷이야기 상상하기

학년   반   이름

이야기 요약하기
* 교과서에 나온 내용을 간단히 요약해 봅시다.

이어질 이야기를 3컷 만화로 그려 보세요.

C.I.A (Class In A.I)

# 활동지

학생 활동지

투닝으로 뒷이야기 상상하기

학년   반   이름

 투닝으로 웹툰 만들기

* AI 버튼을 사용해 나와 닮은 주인공을 만들어 봅시다.

 투닝을 사용하며 알게 된 인공지능 원리와 느낀 점을 써보세요.

1. 투닝을 통해 알게 된 인공지능 원리를 적어봅시다. (표정, 문장, 그림 인식 등)

2. AI를 활용해 그렸을 때 좋은 점과 아쉬운 점을 쓰세요.

C.I.A (Class In A.I)

간편하게 꺼내 쓰는 플랫폼 수업 55

AI 포 오션스: 바다 환경 지키미 로봇 만들기

- 추천 학년 : 3~4학년
- 수업 시수 : 2차시
- 연계 교과 : 과학

우리가 버린 쓰레기는 바다로 흘러가 해양 생태계를 파괴하는 주범이 됩니다. 바다에 사는 생물의 건강을 해치는 것은 물론이고 결국 인간을 위협하게 되죠. 만약 바다에 환경을 지키는 AI 로봇이 있다면 어떨까요? AI 포 오션스를 활용해 인공지능으로 환경 문제를 해결하는 방법에 대해 알아봅시다.

 수업 한 줄 평

인공지능이 학습하는 과정을 게임으로 볼 수 있어 흥미로워요.

 ## 머신러닝의 원리를 게임으로 배우는 AI 포 오션스

AI 포 오션스(AI for Oceans)는 인공지능의 학습 원리를 게임 형식으로 소개합니다. 사용자가 쓰레기와 해양 생물을 분류해 주면 인공지능은 축적된 데이터를 바탕으로 새 물체를 구분하는데요. 이 프로그램의 장점은 사용자가 잘못된 데이터를 입력할 경우 인공지능도 틀린 판단을 내리는 모습을 보여주는 거예요. 인공지능은 완벽하지 않다는 사실을 깨닫도록 도와줘 AI 윤리 수업으로도 활용하기 좋아요. 초등학교 3학년 이상이면 커리큘럼을 따라 실행하는 데 무리가 없으며 함께 제공되는 동영상 튜토리얼로 학생의 주도적 학습을 이끌 수도 있습니다.

사용 방법 이해하기

AI 포 오션스는 PC와 모바일 모두에서 사용 가능하고 별도 로그인 없이 체험할 수 있습니다. 홈페이지에 접속해 언어를 한국어로 설정하고 상단 배너에서 '지금 해보기'를 클릭하면 프로그램이 시작됩니다. 이 플랫폼은 인공지능 원리를 동영상으로 설명한 후 배운 내용을 게임으로 체험하는 형식으로 구성되는데요. 뒷부분에서는 인공지능이 사회에 미치는 영향에 대해 생각해 보는 AI 윤리 활동도 제공해 활용도가 높습니다.

AI 포 오션스 바로가기

• 소요 시간 • 난이도

바다 환경을 지키는 AI 로봇 만들기

바닷속을 돌아다니며 쓰레기를 청소해 주는 로봇이 있다면 어떨까요? 플라스틱에 찔려 목숨을 잃는 수많은 해양 생물을 구해줄 수 있겠죠? AI 포 오션스로 바다 환경을 지키는 AI 로봇을 만들어 봅시다.

활동 과정

> **TIP** 인터넷 접속이 어렵다면 〈활동 2〉로 이동해 언플러그드 수업을 진행해 보세요.

• **활동 1. AI 포 오션스**

① 인공지능에게 쓰레기와 물고기를 구분하는 방법을 알려 주세요.

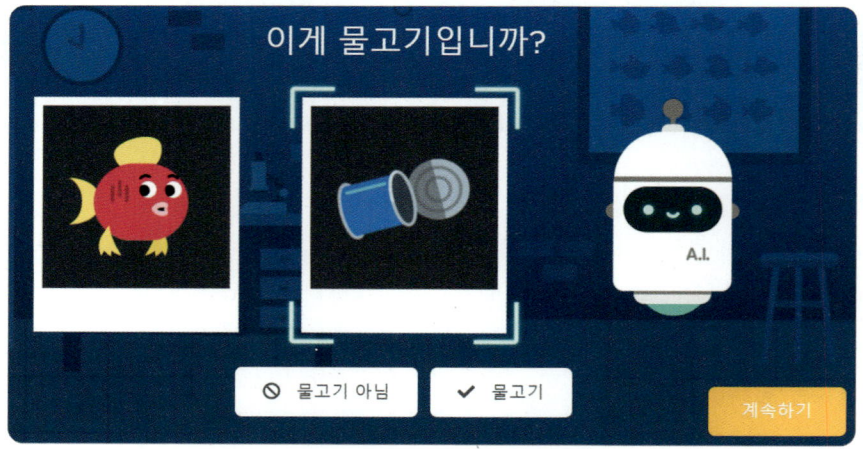

인공지능은 이미지의 패턴을 파악해 사물을 인식해요. 쓰레기 이미지를 입력해도

쓰레기인지 알아차리지 못하는 것은 패턴 정보가 없기 때문이에요. 그래서 사람이 각각의 이미지마다 '물고기'와 '물고기 아님'이란 꼬리표를 달아줘야 합니다. 이 작업을 데이터 라벨링(Data Labeling)이라 부릅니다. 이미지를 보고 물고기인지 물고기가 아닌지 구별해 버튼을 클릭하고 어느 정도 데이터를 쌓았다면 '계속하기'를 눌러주세요.

학습을 완료하면 인공지능이 물고기로 판단한 사물의 목록이 나옵니다. 정확하게 물고기를 구분했나요? 아직은 인공지능이 물고기의 생김새를 제대로 알지 못하는 것 같죠? 인공지능이 항상 정확한 대답을 하는 건 아니에요. 데이터의 양이 부족하거나 정확성이 떨어지면 틀린 대답을 하기도 합니다. 인공지능의 정확도를 높이려면 '학습 더 하기'를 클릭해 데이터 라벨링을 추가로 진행해 주세요. 학습이 충분히 됐다면 '계속하기'를 눌러 다음 단계로 이동합니다.

② 바다에 사는 다른 동물의 데이터도 입력해 주세요.

바다에 물고기만 살진 않죠. 수달, 조개, 돌고래 같은 생물도 함께 어우러져 해양 생태계를 이루고 있어요. 그런데 인공지능이 이들을 '물고기 아님'으로 인식하면 어떻게 될까요? '바닷속에 있는 것'과 '아닌 것'으로 다시 한번 학습을 시켜 결과를 확인해 보세요.

인공지능 머신러닝의 성능은 사람의 역할에 따라 달라집니다. 인공지능이 차이를 인식할 만큼 충분한 데이터를 입력했는지, 한쪽으로 치우침 없이 모든 상황을 대표할 수 있는 데이터인지를 점검해야 하죠. AI 포 오션스로 인공지능 윤리 수업을 계획 중이라면 이 부분을 강조해 주세요.

③ 인공지능에게 단어를 알려줘요.

이번에는 인공지능에 단어 데이터를 입력해 보겠습니다. '파란색'을 눌러 파란 물고기를 찾아내는 인공지능을 만들어 봅시다. 주어지는 이미지를 확인한 후 '파란색이 아님'과 '파란색' 중 맞는 라벨을 클릭해 인공지능을 학습시킵니다. 완료했다면 '계속하기'를 클릭해 정확히 학습했는지 테스트해 보세요.

• 활동 2. 언플러그드 인공지능 로봇 만들기

물고기와 쓰레기를 얼마나 정확하게 분류하느냐에 따라 높은 점수를 받는 언플러그드 활동입니다. 수업 여건상 AI 포 오션스를 실행할 수 없다면 언플러그드로 체험해 보세요.

① 앞면에는 이미지를, 뒷면은 이미지의 속성을 적을 수 있게 만든 카드를 여러 장 준비합니다.

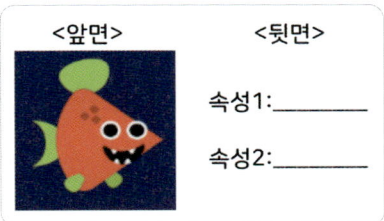

② 모둠 친구들과 의논해 뒷면에 이미지의 속성(동물 여부, 종류, 색깔 등)을 적습니다.

③ 카드를 반으로 접어 이미지가 위를 향하게 놓습니다. 물고기 여부, 색깔 등 기준을 바꿔가며 분류해 봅니다.

④ 깨끗한 바다를 만들기 위해 우리가 할 수 있는 일에는 어떤 것이 있을까요? 모둠별로 토의해 봅시다.

 **소정쌤의 팁**

- AI 포 오션스는 주소창의 숫자를 변경하면 필요한 단계로 바로 이동할 수 있어요. https://studio.code.org/s/oceans/lessons/1/levels/1 에서 마지막 숫자인 1을 원하는 단계(1~8)로 변경하면 돼요.
- 게임 사이에 들어가 있는 설명 영상은 학생들에게 어려울 수 있어요. 선생님께서 원리를 한 번 더 설명해 주세요.
- 데이터 학습 단계에서는 빠르게 넘어가지 않고 차분히 분류해야 정확한 인공지능을 만들 수 있음을 알려주세요.
- 저학년 학생은 언플러그드 활동을 추천해요. 머신러닝의 원리와 데이터 라벨링 과정을 쉽고 재밌게 배울 수 있을 거예요.

수업 설계안

AI 포 오션스는 게임 형식으로 머신러닝을 체험한 뒤 학습 결과를 바로 확인할 수 있어 유용해요. 요즘 문제가 되는 기후변화, 환경오염과 연계해 인공지능을 통해 문제 해결 방법을 찾는 프로젝트 수업으로 활용해 보면 어떨까요? 과학 교과의 생물 요소와 비생물 요소를 분류하는 단원과 연계해 활동을 설계할 수도 있어요.

2차시

단계	내용	시간(분)
도입	• 환경보호에 도움을 주는 인공지능 기술 알아보기	10
전개	〈플랫폼과 언플러그드 활동 중 택 1〉 • 데이터 라벨링 체험하기 • 인공지능 로봇 훈련하기	50
정리	• 깨끗한 바다를 위해 우리가 할 수 있는 일 토의하기	20

어떤 효과가 있나요?

AI 포 오션스를 활용하면 데이터를 입력하고 결과를 확인하는 프로그래밍 과정을 게임으로 배울 수 있습니다. 또한 환경오염 같은 사회 문제를 인공지능으로 해결할 수 있음을 깨닫게 되는데요. 이러한 경험은 일상생활에서 만나는 크고 작은 문제들도 인공지능의 관점에서 접근하고 해결 방안을 찾으려는 시도로 이어질 거예요.

 **수업 지도안**

학습 목표

인공지능이 물고기와 쓰레기를 분류하도록 훈련하는 원리를 이해합니다.

준비물

도구	플랫폼
태블릿 PC 또는 컴퓨터	AI 포 오션스

교육 과정 연계

교과	성취기준
과학	[4과14-01] 생태계의 구성 요소를 조사하여 생물 요소와 비생물 요소로 분류할 수 있다. [4과14-03] 인간 활동이 생태계에 미치는 영향을 조사하고, 생태계 보전을 위해 우리가 할 수 있는 일을 토의하여 실천할 수 있다.

수업 자료 다운로드

1차시 수업 지도안

학습 목표	인공지능이 물고기와 쓰레기를 분류하도록 훈련하는 원리를 이해합니다.		
준비물	수업 PPT, 활동지, 태블릿 PC 또는 컴퓨터		
지도상의 유의점	– 데이터의 양과 종류에 따라 인공지능도 잘못된 판단을 할 수 있음을 강조합니다. – 빅데이터의 중요성을 언급해 주세요.		
학습 단계	교수·학습 활동	시간 (분)	활용 자료 및 지도 팁
도입	● 동기 유발 – 해양오염으로 고통받는 바다거북의 이야기 듣기 – 기후변화와 환경오염을 해결하는 인공지능 기술에 대해 알아보기 ● 학습 목표 제시하기 – 물고기와 쓰레기를 분류하는 인공지능 원리 이해하기	5	💬 TIP 바다거북 스토리텔링 자료는 다운로드 자료에서 확인할 수 있어요.
전개 1	● 활동 1. 데이터에 이름을 붙여요 – 데이터의 개념과 속성에 대해 알아보기 – 데이터 라벨링 이해하기 – 이미지 예시로 데이터 라벨링 실습하기	10	
전개 2	● 활동 2. 인공지능 로봇 훈련하기 – AI 포 오션스 체험하기 – 데이터 분류의 기준 생각하기 – 인공지능 로봇이 물고기와 쓰레기를 분류하는 방법 학습하기	20	💬 TIP 인터넷 사용이 어려운 경우 언플러그드 활동으로 대체해 주세요.
정리	● 정리하기 – 인공지능을 학습시킬 때 필요한 인간의 역할과 책임에 대해 생각하기 – 깨끗한 바다를 만들기 위해 생활 속에서 실천할 수 있는 방법 생각하기	5	• 참고 영상: 빅데이터란? (출처: 유튜브_소프트웨어야 놀자)

수업 PPT

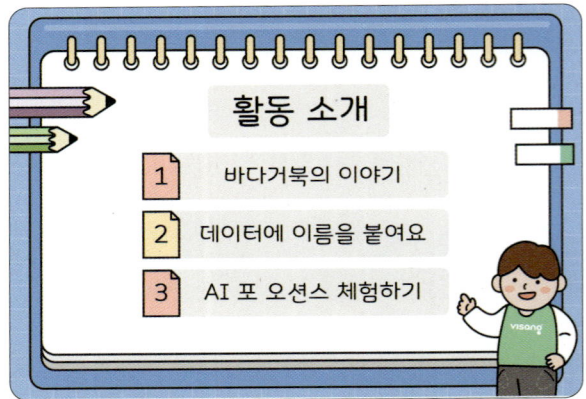

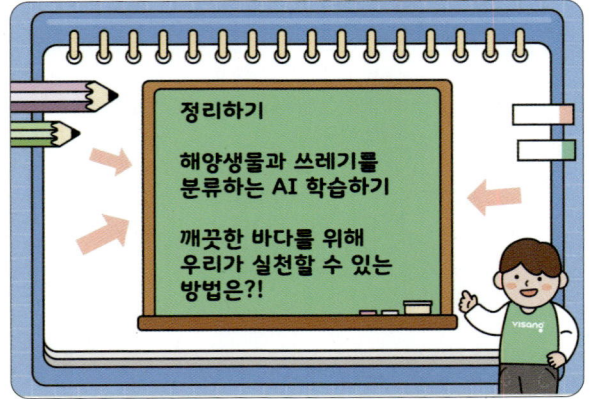

 **활동지**

학생 활동지
AI 포 오션스로 인공지능 원리 알아보기

학년   반   이름

 다음 빈칸을 채워 봅시다.

> 데이터는 각각의 _____를 가지고 있어 구별할 수 있다.
> 데이터에 이름표를 붙이면 (_____) 인공지능이 무엇인지 알 수 있다.

 분류 기준을 생각해 봅시다.

1. 물고기는 어떤 속성을 가지고 있나요?

2. 물고기와 쓰레기를 구별할 수 있는 속성은 무엇일까요?
   - 속성 1:
   - 속성 2:

 (심화) 인공지능으로 분류해 보기

인공지능에게 쓰레기와 물고기를 분류해 알려 줍시다.

AI 포 오션스
바로 가기

C.I.A (Class In A.I)

5 티처블 머신: 가위바위보 인식 로봇 만들기

- 추천 학년: 3~6학년
- 수업 시수: 2차시
- 연계 교과: 실과

산책을 하다 보면 이름 모를 꽃과 나무들을 자주 만나게 돼요. 이 식물들에 이름표라도 붙어 있으면 좋을 텐데 말이죠. 네? 인공지능을 활용해 사진을 찍으면 이름을 바로 알 수 있다고요? 게다가 그 분류 모델을 제가 직접 만들 수 있다니, 얼른 티처블 머신을 배워봐야겠어요!

(출처: 구글 검색 화면)

수업 한 줄 평

집에서도 쉽게 인공지능 모델을 만들 수 있다니 너무 신기해요!

 # 간편하게 머신러닝 모델을 완성하는 **티처블 머신**

티처블 머신(Teachable Machine)은 구글이 제공하는 웹 기반 플랫폼으로 누구나 머신러닝 모델을 빠르고 간단하게 만들도록 제작됐습니다. ID 없이 사이트에 접속하는 것만으로 바로 사용할 수 있어 학생들도 쉽게 시도할 수 있습니다. 복잡한 코딩 없이도 컴퓨터가 이미지, 소리, 동작을 인식하도록 학습시킬 수 있어 머신러닝의 기본 개념을 익힌 후 응용 활동으로 적용하기 좋습니다.

AI 지식 한 스푼 : 지도 학습이란 무엇인가요?

인터넷 쇼핑몰에서 '이런 상품은 어떠신가요?'라는 멘트에 홀려 물건을 구매해 본 적 있나요? 이러한 추천 알고리즘은 지도 학습으로 구축된 인공지능 모델로 만든 것인데요. 지도 학습이란 문제와 답을 함께 학습시켜 새로운 문제에 대한 답을 예측하게 하는 인공지능 학습 방식입니다. 고객이 많이 구매했거나 검색하는 상품을 분석해 구매 패턴을 알아낸 후 이를 비슷한 키워드로 검색하거나 유사한 카테고리 경로로 이동하는 신규 고객에게 추천해 주는 것이죠.

사용 방법 이해하기

티처블 머신에 접속해 '시작하기'를 클릭하면 프로젝트 화면으로 연결됩니다. 티처블 머신에서는 이미지와 오디오, 포즈 데이터를 활용한 모델을 만들 수 있습니다. 오늘은 예시로 꽃과 나무를 구분하는 인공지능을 만들어 볼게요. 이미지 데이터를 클릭하면 아래의 입력창으로 이동합니다.

학습에 필요한 정답 레이블은 'Class(클래스)'라고 불러요. 용어가 어렵게 느껴지시나요? 겁먹지 마세요. 클래스는 쉽게 말하면 분류 결과를 모아 놓은 집합이에요. Class 1 옆의 연필 아이콘을 클릭하면 원하는 대로 이름을 수정할 수 있습니다. 분류할 목록이 많다면 '클래스 추가' 버튼을 눌러 필요한 만큼 생성할 수 있습니다. 클래스 별로 오른쪽 상단의 세로 점 세 개를 누르면 클래스를 삭제하거나 사용을 멈출 수 있습니다.

저는 클래스 이름을 꽃과 나무로 변경했어요. 이제 데이터를 입력해 인공지능 모델을 학습시켜 보겠습니다. 웹캠으로 사진을 촬영할 땐 '카메라' 아이콘을, 컴퓨터에 저장해 놓은 사진을 올릴 때는 '업로드' 버튼을 클릭해 주세요. 학습이 완료되면 '모델 학습 완료됨'이란 문구가 나옵니다.

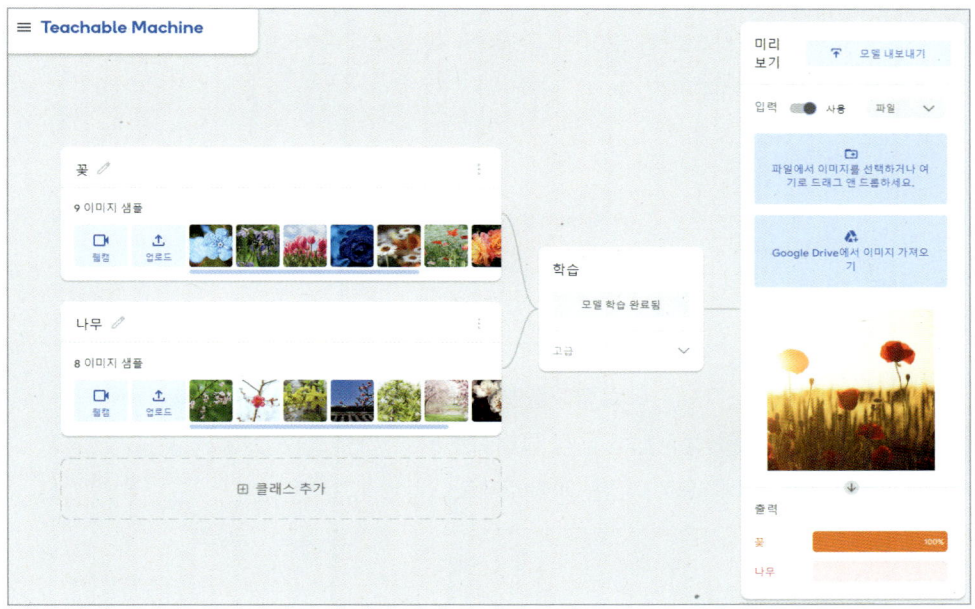

인공지능 모델이 제대로 학습됐는지 확인해 볼까요? 새로운 사진을 '입력' 부분에 넣어 보세요. 우리가 학습시킨 데이터를 바탕으로 새로운 데이터가 어떤 클래스에 해당하는지 구분해 줄 거예요. 인공지능이 틀린 답을 말한다면 이미지 샘플을 더 추가해 다시 학습시켜 보세요. 오른쪽 상단의 '모델 내보내기' 버튼을 클릭하면 다른 프로그램이나 사이트에서도 활용할 수 있습니다.

 **혜지쌤의 활동 큐레이션**

 • 소요 시간 •

 • 난이도 •

가위바위보 인식 로봇 만들기

이번 시간에는 가위바위보를 인식하는 로봇을 만들어 볼게요. 가위, 바위, 보에 해당하는 이미지 데이터를 모아 인공지능을 학습시켜 봅시다. 과연 인공지능은 친구들의 손 모양을 잘 맞힐 수 있을까요?

활동 과정

① '티처블 머신 → 이미지 프로젝트'를 클릭한 후 클래스 4개를 생성합니다. 각 클래스는 가위, 바위, 보, 배경으로 이름을 바꿔 주세요.

TIP 실제 수업에서 이미지를 올릴 땐 웹캠으로 촬영하는 방법을 추천해요. 아이들이 직접 촬영하며 재미를 느낄 수 있고 미리 이미지 자료를 준비하지 않아도 돼 선생님의 수업 준비 시간을 줄일 수 있어요.

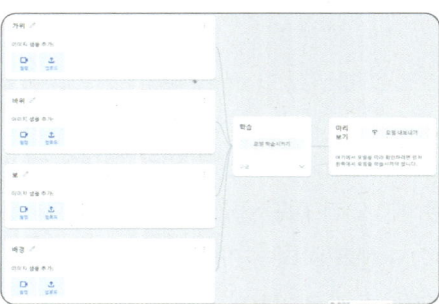

② 각 클래스에 맞는 손동작을 웹캠으로 촬영합니다. 인공지능은 배경까지 포함된 이미지 전체를 학습하기 때문에 배경만 찍은 이미지도 꼭 올려 주세요.

> TIP 각 클래스에 빈 배경을 학습시키지 않으면 인공지능은 아무것도 없는 배경도 가위, 바위, 보처럼 구분해야 하는 데이터로 생각할 거예요.

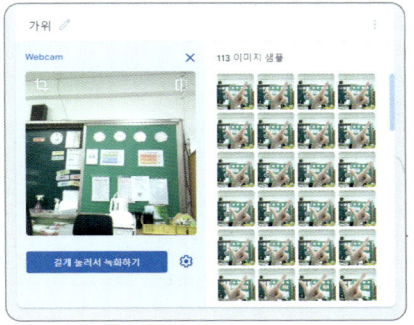

③ '모델 학습시키기' 버튼을 클릭하고 잠시 기다립니다.

> TIP 간혹 '모델 학습시키기' 버튼을 클릭한 후 "컴퓨터가 멈췄어요!"라고 이야기하는 친구들이 있어요. 데이터 개수가 많아 사이트가 이를 처리하고 학습하는 데 오래 걸리는 것뿐이니 차분히 기다리도록 안내해 주세요.

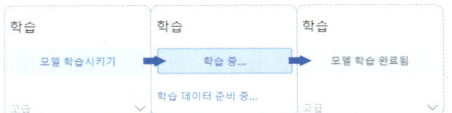

④ 학습이 완료됐다면 새로운 데이터를 입력해 인공지능 모델의 정확도를 평가해 보세요.

> TIP 촬영할 때 화면 안에 손 모양 전체를 담지 않으면 인공지능이 제대로 인식하지 못해 정확도가 떨어질 수 있습니다. 그럴 땐 학생들과 이야기를 나눠 보세요. 아이들은 인공지능을 학습시키기 위해선 데이터의 양뿐만 아니라 질도 중요하다는 사실을 이해하게 됩니다. 이후 이미지 데이터를 수정할 시간을 제공하면 이전보다 정확도가 높아진 것을 확인할 수 있습니다.

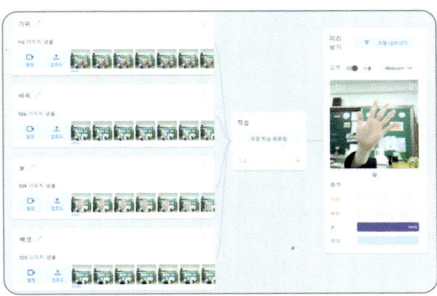

완성 작품은 어떻게 저장하나요?

아이들에게 구글 ID나 학생용 계정이 있다면 드라이브에 저장할 수 있어요. 나중에 저장본을 수정하는 것도 물론 가능합니다. 구글 ID가 없거나 완성한 모델을 집에서도 실행해 보고 싶을 땐 이렇게 해보세요. '모델 내보내기' 창을 활성화해 '업로드' 버튼을 누르면 링크가 나옵니다. 이 링크를 복사해서 학급 SNS에 공유하도록 해보세요. 다른 친구들이 만든 모델도 체험할 수 있고 가족들과 함께 사용할 수도 있어요. 저희 반 아이들은 티처블 머신의 쉽고 간단한 매력에 흠뻑 빠져 한동안 다양한 인식 모델을 만들고 학급 SNS에 공유하며 주말을 보내곤 했어요.

혜지쌤의 팁

- 이미지를 많이 입력해야 새로운 데이터도 정확히 인식할 수 있어요. 웹캠을 사용한다면 100개 내외의 이미지를 입력해 주세요.
- 클래스별 데이터 개수는 비슷한 것이 좋아요. 만약 하나의 클래스에 너무 많은 데이터가 입력되면 컴퓨터는 해당 클래스에서만 정확도가 높아져요. 결국 모델의 학습 결과에 영향을 미칩니다.
- 학습용 데이터는 다양하게 섞어 주세요. 이미지나 동작이라면 다양한 구도에서 촬영하고 소리라면 여러 사람의 목소리 또는 강세로 녹음합니다.

 # 수업 설계안

티처블 머신은 동작과 소리 데이터를 활용한 모델도 만들 수 있어 다양한 과목과 연계가 가능합니다. 앞서 소개한 플랫폼 자체에 집중한 수업 외에도 수학, 과학, 체육과 연계해 다채롭게 활용해 보세요. 인공지능 융합 수업이 어렵지 않다는 걸 느낄 수 있을 거예요. 이번 장에서는 다른 교과와 연결할 수 있는 수업의 흐름을 소개해 드릴게요.

수업 흐름은 어떻게 구성하나요?

먼저 티처블 머신의 원리인 지도 학습에 대해 간단히 설명합니다. 인공지능 개념이 생소한 학생들을 대상으로 한다면 최대한 쉽게 이야기해 주세요. 플랫폼을 체험하는 과정에서 자연스럽게 학습되는 부분도 있으니까요. 원리 설명 후에는 티처블 머신을 사용하는 방법을 소개합니다. 이때는 선생님이 직접 시범을 보여주는 편이 좋아요. 학습지에 적힌 사용법을 읽는 것보다 쉽게 이해할 수 있습니다. 그다음에는 교과 수업의 성취기준에 맞게 어떤 모델을 만들 것인지 계획을 세워봅니다. 〈과학 3-2 5단원 소리의 성질〉에서 티처블 머신을 활용한다면 소리 프로젝트를 통해 물체에서 나는 소리를 구별하는 모델을 만들 수 있겠죠? 이후 수업 계획에 맞춰 모델을 생성하고 평가합니다. 오류가 발생한다면 데이터를 수정해 정확도를 높이도록 안내해 주세요.

어떤 효과가 있나요?

아이들은 '인공지능'이란 말을 들으면 영화나 TV에 나오는 로봇을 먼저 떠올리곤 합니다. 티처블 머신을 활용하면 인공지능이 로봇을 부르는 말이 아니라 컴퓨터가 사람처럼 생각하게 만드는 일임을 이해할 수 있습니다. 인공지능 시대에 막연한 두려움을 갖고 있는 아이들에게, 우리도 인공지능을 개발하고 활용하는 주체가 될 수 있다는 자신감을 심어 주세요!

2차시

단계	내용	시간(분)
도입	• 티처블 머신의 원리인 지도 학습 알아보기	10
전개	• 티처블 머신 활용 방법 익히기 • 어떤 모델을 만들 것인지 계획 세우기 　− 수학: 정육면체와 직육면체를 구별하는 모델 　− 체육: 올바른 스트레칭 자세를 알려주는 모델 　− 과학: 물체에서 나는 소리를 구별하는 모델 • 티처블 머신으로 모델(이미지, 동작, 소리) 만들기	50
정리	• 모델 실행하고 오류 분석하기	20

 **수업 지도안**

학습 목표

티처블 머신을 이용해 지도 학습의 기본 원리를 이해할 수 있습니다.

준비물

도구	플랫폼
노트북, 웹캠이 부착된 컴퓨터	티처블 머신

교육 과정 연계

교과	성취기준
실과	[6실05-05] 인공지능이 만들어지는 과정을 체험하고 인공지능이 사회에 미치는 영향을 탐색한다.

수업 자료
다운로드

2차시 수업 지도안

학습 목표	티처블 머신을 이용해 지도 학습의 기본 원리를 이해할 수 있습니다.
준비물	수업 PPT, 학습지, 노트북 또는 웹캠이 부착된 컴퓨터
지도상의 유의점	학생들과 인공지능이 무엇인지, 생활 속 인공지능에는 어떤 것들이 있는지 충분히 얘기한 후 활용할 것을 권장합니다.

학습 단계	교수·학습 활동	시간(분)	활용 자료 및 지도 팁
도입	● 동기 유발 – 스마트폰 속 인공지능에 관해 이야기 나누기 ● 학습 목표 제시 – 티처블 머신을 이용해 지도 학습의 기본 원리 이해하기	10	**TIP** 우리가 매일 사용하는 스마트폰 안에는 많은 인공지능 기술이 들어 있음을 소개해 주세요.
전개 1	● 활동 1. 지도 학습 이해하기 – 지도 학습에 관한 영상을 시청하고 개념 설명하기 – 생활 속에서 지도 학습 방식으로 구현된 인공지능 알아보기	10	• 참고 영상: 지도 학습 (출처: 유튜브_소프트웨어야 놀자) **TIP** 인공지능의 여러 학습 방법 중 지도 학습에 관한 내용만 다룬다는 것을 미리 알려 주세요.
전개 2	● 활동 2. 티처블 머신 사용법 익히기 – 티처블 머신 플랫폼 소개하기 – 티처블 머신의 활용법 익히기	20	**TIP** 지도 학습의 단계도 함께 설명해 주세요.
전개 3	● 활동 3. 티처블 머신으로 가위바위보 인식 로봇 만들기 – 티처블 머신으로 가위바위보 인식 로봇 만들고 평가하기 – 오류가 발생한다면 이미지 데이터 수정하기	30	**TIP** 3~4학년은 컴퓨터 활용이 익숙하지 않으므로 짝 활동으로 진행해도 좋습니다.
정리	● 정리하기 – 티처블 머신 활동을 복기하며 지도 학습의 과정 정리하기	10	

 ## 수업 PPT

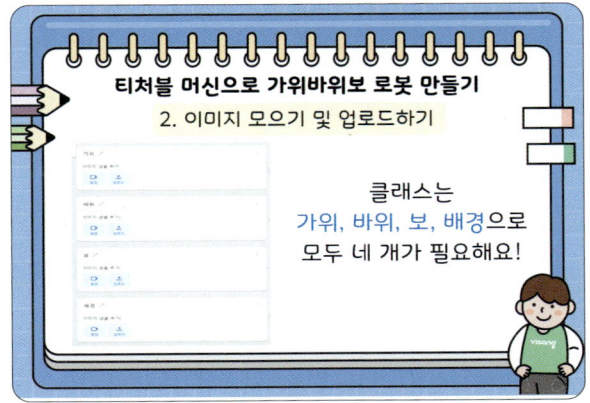

 **활동지**

학생 활동지
티처블 머신으로 가위바위보 인식 로봇 만들기

학년   반   이름

 지도 학습이란 무엇일까요?

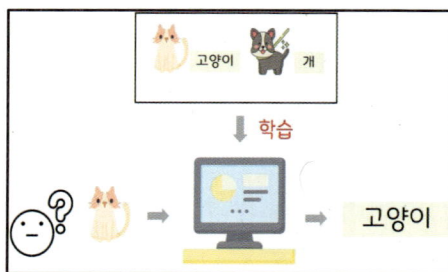

> 인공지능의 학습 방법 중
> 하나로 인공지능에게
> (   )을 알려주며
> 학습시키는 방법

 티처블 머신으로 가위바위보 인식 로봇을 만드는 단계를 설명해 봅시다.

1. 이미지 모으기

2. 모델 학습시키기

3. 모델 평가하기

 티처블 머신으로 만든 로봇이 가위, 바위, 보를 제대로 인식하지 못했다면 그 이유는 무엇일까요?

C.I.A (Class In A.I)

MEMO

인공지능 비서: 교실 속 한판 승부

- 추천 학년 : 4~6학년
- 수업 시수 : 1차시
- 연계 교과 : 실과

나에게도 인공지능 친구가 생겼어요. 나를 즐겁게 웃겨주고 힘들 땐 따스한 위로를 해줘요. 수학이면 수학, 영어면 영어 무엇이든 대답해 줘요. 그런데 무엇이든 잘하는 것 같은 인공지능도 못 하는 게 있다고요? 우리 인공지능과 대결 한번 해 볼까요?

 수업 한 줄 평

인공지능과 더 친해진 기분이에요.
우리 서로의 장점을 잘 살려서 앞으로 더 사이좋게 지내자!

# 사람의 말을 이해하는 인공지능 비서

인공지능 비서란 사람이 하는 말을 이해하고 대답하는 스피커입니다. 인공지능 스피커, AI 스피커라는 이름으로도 불리며 스마트폰, TV 등 우리 생활의 다양한 곳에서 널리 활용되고 있습니다. 특별한 조작 없이 스피커에 말을 거는 방식으로 사용할 수 있어 학년과 관계없이 인공지능에 흥미를 돋우는 수업으로 응용할 수 있어요.

AI 지식 한 스푼 : 인공지능 스피커에는 어떤 기술이 들어가나요?

사람의 말과 컴퓨터의 프로그래밍 언어, 서로 다른 두 언어를 연결하기 위해서는 3가지 기술이 필요합니다. 먼저 사용자의 말을 텍스트로 바꿔 프로그램이 보유한 모델 중 일치도가 가장 높은 단어로 인식(음성 인식 기술)합니다. 이후 자연어 이해 기술로 텍스트화된 명령어의 의미를 해석하고 음성 합성 기술로 결과를 말로 전달합니다.

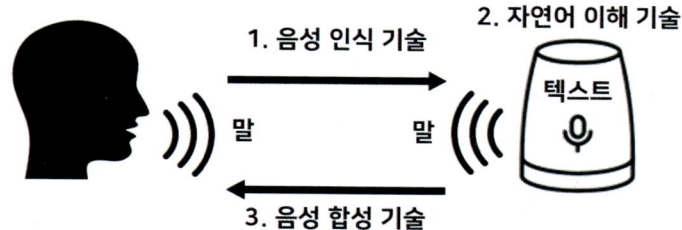

인공지능 스피커를 사람처럼 말하게 해주는 음성 합성 기술에 대해 조금 더 알아볼까요? 얼마 전까지만 해도 자동 응답 시스템(ARS)은 특유의 딱딱한 목소리와 어색한 억양 탓에 기계음이라는 것을 쉽게 알 수 있었어요. 이는 문장을 통째로 녹음해 그대로 내보냈기 때문인데요. 최근에는 음성 데이터를 작은 단위로 쪼갠 후 대화의 맥락이나 단어에 맞춰 다시 조합하는 방식으로 진화하고 있습니다. 덕분에 진짜 사람이 말하는 것 같이 자연스럽게 높낮이를 바꾸고 음의 길이를 조절할 수 있게 됐죠. 우리 가족의 목소리를 학습시키면 특징을 분석해 가족의 목소리로 말을 하는 기능까지 개발됐다고 하니 음성 합성 기술이 얼마나 발전했는지 느낄 수 있겠죠?

사용 방법 이해하기

안드로이드 기반 기기에는 기본적으로 구글 어시스턴트가 깔려 있어 수업에서 손쉽게 사용할 수 있습니다. 어시스턴트를 호출할 땐 버튼을 누르거나 '헤이 구글'을 부르면 되는데요. 많은 학생이 동시에 말하면 수업에 혼선이 생길 수 있으니 버튼을 누르는 방식으로 안내해 주세요. 화면 중앙의 버튼을 3초간 누르면 구글 어시스턴트가 활성화돼 반응할 거예요. 이때 '시작하기' 버튼을 터치해 주세요.

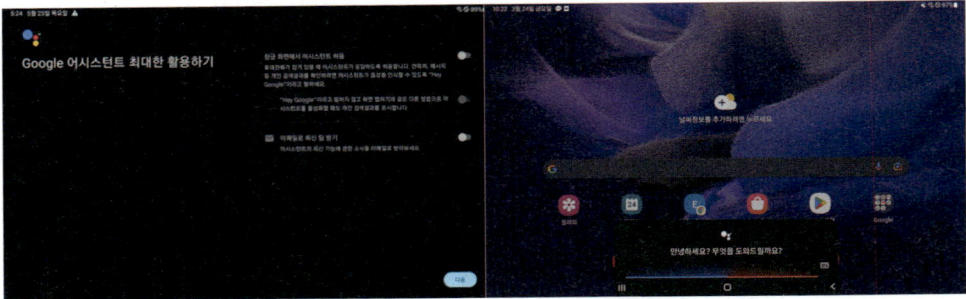

구글 어시스턴트의 추가 기능을 허용할 것인지 물어보네요. 우리는 수업 목적으로 사용하니 3가지 기능을 모두 해제해 주세요. 이 기능을 켜 두면 다른 수업 시간에 구글을 불렀을 때 학급의 여러 태블릿이 동시에 대답하는 불상사가 일어날 수도 있어요. '다음'을 터치하면 '안녕하세요? 무엇을 도와드릴까요?'라는 안내 문구가 나와요. 사용 설정이 끝났다는 뜻이에요. 굉장히 간단하죠? 이제 구글 어시스턴트와 대화를 시작하면 됩니다.

 **은영쌤의 활동 큐레이션**

 40m · 소요 시간 ·

 보통 · 난이도 ·

인간 VS 인공지능, 교실 속 한판 승부

무엇이든 척척 대답해 주는 인공지능 비서. 과연 인공지능은 모든 분야에서 사람보다 뛰어날까요? 분명 사람이 인공지능보다 잘하는 게 있을 거란 말이죠! 우리 함께 실험해 볼까요?

활동 과정

① 모둠별로 미션을 뽑습니다.

암산 대결하기
1253 x 579

허밍으로 노래 찾기
나나나나 나나나~~
이 노래 뭐지?

번역 대결하기
"어젯밤에 야식 먹었는데 그렇게 맛있진 않았어."

대화하기
'꿈'에 대해
10 문장 이상 이어가기

② 인공지능 비서에게 미션지의 내용을 질문합니다.

③ 같은 내용을 모둠 친구에게 질문한 후 인공지능과 친구의 반응을 비교해 활동지에 적습니다.

④ 미션 중 인공지능이 잘 답변한 것과 친구가 잘 답변한 것을 구분해 써봅니다.

인간	• 공감을 잘해줍니다. • 맥락을 잘 파악합니다.
인공지능	• 번역 속도가 빠릅니다. • 정확한 정보를 알려줍니다.

⑤ 인공지능의 장점을 살려 활용할 수 있는 분야에 대해 토론합니다.

⑥ 활동을 통해 인공지능에 대해 새롭게 알게 된 내용을 정리하고 발표합니다.

은영쌤의 팁

- 구비된 스마트 기기에 맞춰 인공지능 비서를 활용해 보세요. 안드로이드 기반 기기는 구글 어시스턴트와 빅스비가, 애플 기반 기기에는 시리가 내장되어 있습니다.
- 친숙하고 사용법이 간단해 학생들이 적극적으로 참여하려 할 거예요. 미션을 수행하기 전에 동시에 여러 사람이 말하면 인공지능 비서가 알아듣지 못한다는 점을 미리 알려 주세요.
- 교실에서 한 번에 모둠 활동을 하면 여러 소리가 겹쳐 들어갈 수 있어요. 모둠별 연습 시간을 가진 뒤 한 팀씩 대결을 진행하는 것이 좋아요.
- 인공지능 비서가 엉뚱한 소리를 할 수 있습니다. 이런 반응을 놓치지 말고 학생들과 인공지능 비서의 오류에 대해 이야기를 나눠 보세요.
- 인공지능 비서에 친숙한 학생이 많다면 모둠별 미션을 2개씩 제공해도 좋아요. 같은 질문으로 다른 모둠이 질문했을 때 어떤 반응이 나오는지 살펴볼 수 있습니다.

 ## 수업 설계안

인공지능 비서는 누구나 한 번쯤 들어봤을 만큼 널리 활용되는 기술이기에 학생들이 친숙하게 느낍니다. 하지만 인공지능 비서를 활용하는 능력은 제각각인 경우가 많아요. 저희 반에도 교사보다 능숙하게 다루는 친구가 있는가 하면 들어는 봤지만 써보지 않은 학생도 있었거든요. 그런데도 금방 사용 방법을 익힐 수 있기 때문에 학생 모두가 열정적으로 즐겁게 수업에 참여한답니다.

 ### 수업 흐름은 어떻게 구성하나요?

인공지능과 사람의 공통점과 차이점에 대해 질문하며 수업을 열어 주세요. 이 과정에서 학생들은 둘을 비교하며 인공지능과 사람이 각각 어떤 부분에 강점이 있는지를 생각해 보게 됩니다. 모둠별 미션이 끝난 후에도 결과를 되짚어보며 인공지능의 장점과 단점, 특징을 정리하는 시간을 갖는 것이 좋아요.

인공지능과 친숙하지 않은 학급이라면 수업을 2차시로 늘려 진행해 주세요. 학생들이 확실히 이해하고 넘어갈 수 있도록 1차시에는 인공지능 비서의 사용법을 익히는 활동을, 2차시는 모둠별 미션 대결과 배운 내용을 정리하는 시간을 충분히 제공하는 것을 추천합니다.

어떤 효과가 있나요?

이 수업은 어려운 이론 대신 게임 요소를 넣어 인공지능을 체험하는 것에 초점을 맞췄습니다. 딱딱하고 어렵게만 느껴졌던 인공지능과 친구처럼 이야기하고 게임하는 과정을 통해 아이들은 인공지능의 필요성과 한계, 우리와 비슷한 점과 다른 점 등을 깨닫게 됩니다. 나아가 인간과 인공지능이 공존하는 방법에 대해 생각해 보는 첫 단추가 되기도 합니다.

1차시

단계	내용	시간(분)
도입	• 인공지능과 사람의 공통점, 차이점 알아보기	5
전개	• 인공지능 비서 만나기 • 인간 대 인공지능 미션 대결하기	25
정리	• 인공지능의 특징 알아보기 • 인공지능의 장점 알아보기	10

수업 지도안

학습 목표

인공지능과 사람의 특징과 장점을 알고 필요에 맞게 활용할 수 있습니다.

준비물

도구	플랫폼
태블릿 PC 또는 스마트폰	– 안드로이드 기반: 구글 어시스턴트, 빅스비 – 애플 기반: 시리

교육 과정 연계

교과	성취기준
창체	[6자율–1] 생활 속에서 컴퓨터가 활용되는 사례를 찾아보는 활동을 경험한다.
실과	[6실05–05] 로봇의 종류와 활용 사례를 통해 작동 원리를 이해하고 로봇에 대한 관심과 흥미를 가진다.

● 수업 자료
  다운로드

1차시 수업 지도안

학습 목표	인공지능과 사람의 특징과 장점을 알고 필요에 맞게 활용할 수 있습니다.		
준비물	태블릿 PC 또는 스마트폰		
지도상의 유의점	구비된 기기에 맞춰 인공지능 비서를 체험합니다.		
학습 단계	교수·학습 활동	시간(분)	활용 자료 및 지도 팁
도입	● 동기 유발 　- 인공지능과 사람의 공통점과 차이점 알아보기 　- 인공지능과 사람의 강점 예상하기 ● 학습 목표 제시 　- 인공지능과 사람의 특징과 장점을 알고 필요에 맞게 활용하기	3	**TIP** 학생들이 사람과 인공지능의 차이점을 미리 생각해 봄으로써 서로의 차별점에 대해 알 수 있습니다.
전개 1	● 활동 1. 인공지능 비서 만나기 　- 인공지능의 종류 (약인공지능과 강인공지능) 알아보기 　- 초성 퀴즈를 통해 인공지능 비서의 기능 살펴보기 　- 인공지능 비서의 여러 기능을 체험하기	10	• 참고 영상: 전국 AI 스피커 자랑 (출처: 유튜브_AJUTV) **TIP** 한 차시로 진행한다면 인공지능 비서 기능 체험은 생략할 수 있습니다.
전개 2	● 활동 2. 인간 VS 인공지능 　- 모둠별 역할 (심판, 인간 대표, 인공지능 대표) 정하기 　- 모둠별 미션을 인공지능과 인간에게 똑같이 해보고 반응을 활동지에 정리하기	15	**TIP** 한 번에 원하는 답을 얻지 못할 수 있어요. 질문이나 요구를 자세히 하도록 지도합니다.
전개 3	● 활동 3. 인간과 인공지능의 특장점 　- 인간과 인공지능의 특징 비교하기 　- 인간과 인공지능의 뛰어난 분야 비교하기 　- 인공지능의 활용 방법, 공존 방법 이야기하기	10	**TIP** 학생들이 스스로 인공지능의 장단점, 특징 관련 키워드를 말하도록 유도합니다.
정리	● 정리하기 　- 인공지능에 대해 알게 된 내용 발표하기	2	

수업 PPT

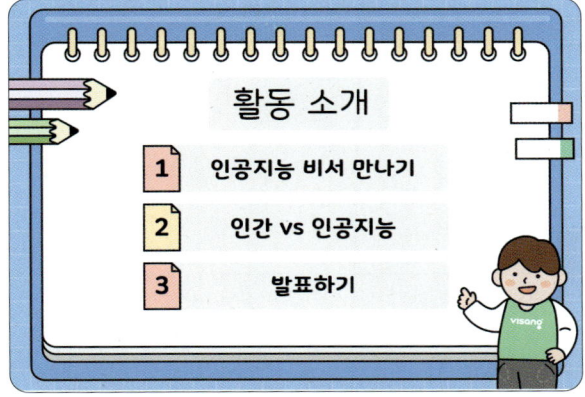

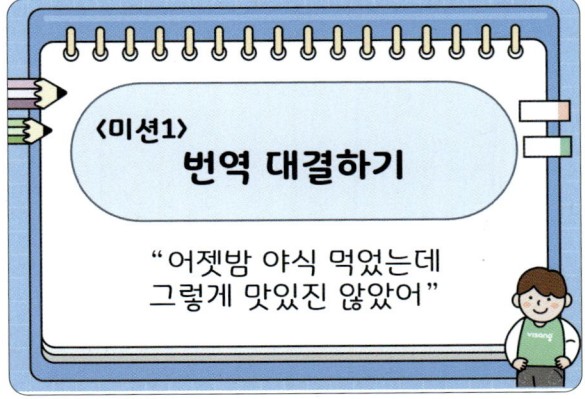

 활동지

학생 활동지
인간 VS 인공지능

학년   반   이름

 우리 모둠의 미션에 동그라미 표시하세요.

1. 암산 대결하기 1253 x 579	2. 허밍으로 노래 찾기 나나나나 나나나~ 이 노래 뭐지?	3. 같은 질문 5번 하기 "내일 날씨 어때?"
4. 번역 대결하기 "어젯밤에 야식 먹었는데 그렇게 맛있진 않았어."	5. 대화하기 '꿈'을 주제로 10문장 이상 대화하기	6. 모르는 것 묻기 "임진왜란은 몇 년도에, 왜 일어났지?"

 미션 1. 인간 VS 인공지능

친구의 반응은?	인공지능의 반응은?
• • • •	• • • •

 미션 2. 인간 VS 인공지능

친구의 반응은?	인공지능의 반응은?
• • • •	• • • •

C.I.A (Class In A.I)

 **활동지**

학생 활동지

인간 VS 인공지능

학년   반   이름

🐥 인간과 인공지능이 각각 더 잘할 수 있는 것을 적어봅시다.

인간	인공지능
. . .	. . .

🐥 인간과 인공지능은 어떻게 협력할 수 있을까요?

🐥 수업 후 새롭게 알게 된 점이나 느낀 점을 적어봅시다.

C.I.A (Class In A.I)

머신러닝 포 키즈: 삼각형, 너의 이름은

- 추천 학년 : 3~6학년
- 수업 시수 : 2차시
- 연계 교과 : 수학

동그라미, 세모, 네모부터 원기둥, 삼각기둥, 사각기둥까지. 평면과 입체를 넘나드는 다양한 도형의 형태들을 인공지능은 구분할 수 있을까요? 사실 인공지능도 우리처럼 배우기 전까지는 도형 이름을 모른다네요. 그럼, 오늘은 우리가 도형 박사가 돼서 인공지능에게 한 수 가르쳐 줘 볼까요? 인공지능아, 잘 배워보자!

 수업 한 줄 평

인공지능에게 우리가 공부를 시키다니 놀라워요!

인공지능의 학습 과정을 생생히 보여주는
머신러닝 포 키즈

머신러닝 포 키즈(Machine Learning for kids)는 티처블 머신과 유사한 웹 기반 플랫폼으로 인공지능 학습 방법 중 지도 학습에 대해 알려주는 서비스입니다. 티처블 머신이 이미지와 소리, 동작 데이터로 학습한다면 머신러닝 포 키즈는 이미지와 소리 외에도 텍스트, 숫자까지 훈련할 수 있죠. 사진을 하나씩 모아 업로드해야 하는 티처블 머신과 달리 머신러닝 포 키즈에서는 원하는 이미지를 드래그해 한 번에 수집할 수도 있답니다. 다만 머신러닝 포 키즈는 주제나 레이블의 이름을 영어로 입력해야 하니 고학년 또는 영재반 수업에서 활용하는 것을 추천합니다. 물론 숫자를 활용하거나 선생님이 영어 단어를 제시해 주면 저학년 학생 대상 수업에서도 사용할 수 있어요.

 AI 지식 한 스푼 : 도형 인식이란 무엇인가요?

인공지능은 기하학적 모양, 색상, 커브 등 특징을 추출하고 각 특징의 패턴을 학습해 도형을 인식합니다. 팔각형을 인식한다고 가정해 볼까요? 인공지능은 팔각형 이미지에서 점, 선 등 형태적 특징을 추출하고 이를 통해 도형의 위치 정보와 종류를 판단합니다. 과거 단순한 도형, 객체를 인식하는 것에 그쳤던 도형 인식 기술은 오늘날 3D 모델을 인식하는 수준까지 진화했습니다. 최근에는 자율 주행 자동차, 로봇, 보안 등 여러 분야에서 다양하게 활용되고 있죠.

사용 방법 이해하기

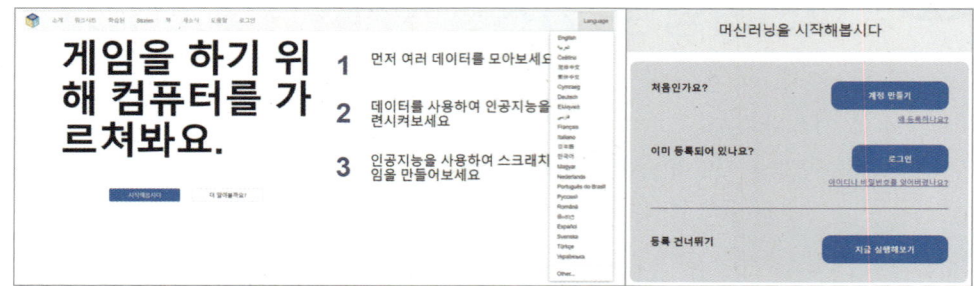

머신러닝 포 키즈에 접속한 후 오른쪽 상단의 'Language'에서 한국어를 클릭해 언어를 바꿉니다. 그다음 '시작해 봅시다' 버튼을 눌러 프로그램을 실행합니다. 회원가입 없이 사용하려면 '지금 실행해 보기'를, ID를 만들어 자주 활용하고 싶다면 '계정 만들기'를 선택합니다.

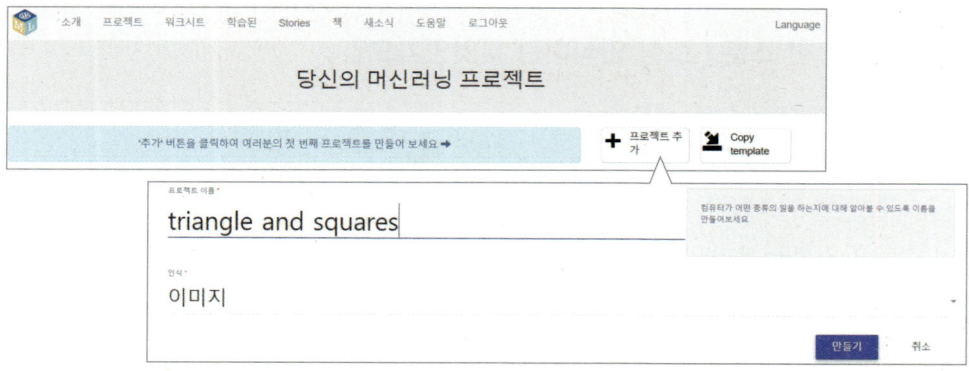

이제 본격적으로 머신러닝 프로젝트를 만들어 보겠습니다. '+ 프로젝트 추가' 버튼을 클릭하면 위의 이미지가 나오는데요. 프로젝트 이름을 입력하고 인식할 데이터의 종류를 선택합니다. 저희는 시험 삼아 삼각형과 사각형을 구분하는 인공지능 모델을 만들어 보겠습니다. 제목을 영어로 입력하고 이미지를 눌러 프로젝트를 생성합니다.

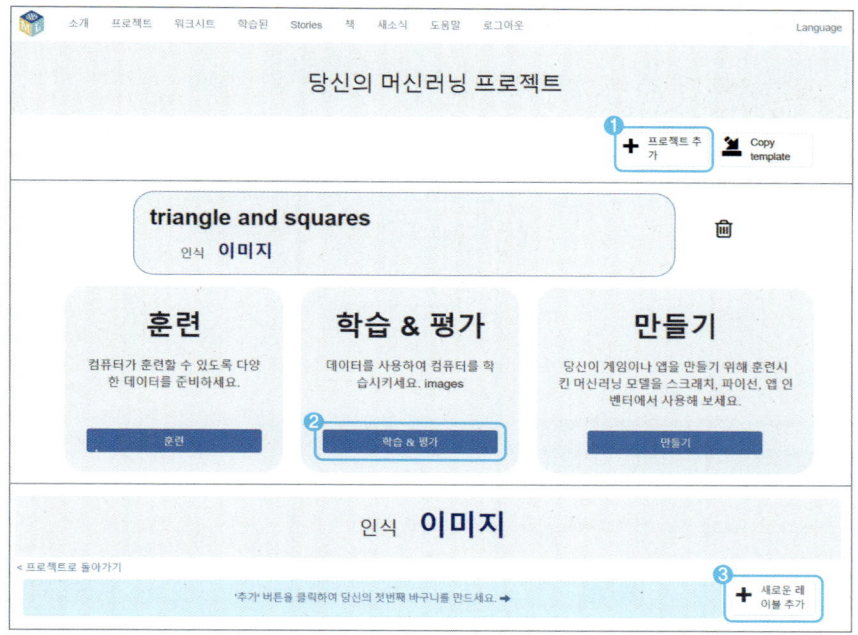

프로젝트를 클릭하면 훈련, 학습 & 평가, 만들기 페이지로 넘어갑니다. 여기서 '훈련'을 누른 후 '+ 새로운 레이블 추가'를 클릭합니다. 레이블은 티처블 머신의 클래스와 비슷한 개념이에요. 우리가 분류할 데이터의 그룹이라고 생각하면 됩니다. 저는 예시로 삼각형과 사각형 레이블을 만들어 볼게요.

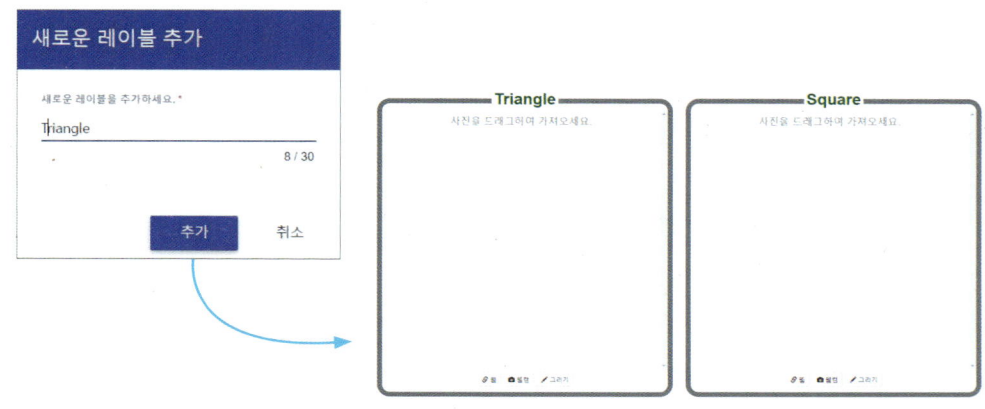

이제 인공지능을 똑똑하게 만들어줄 학습 데이터를 입력할 차례입니다. 머신러닝 포 키즈에 이미지를 넣는 방법은 4가지가 있어요. 하나씩 살펴보겠습니다.

① **웹에서 링크 가져오기**

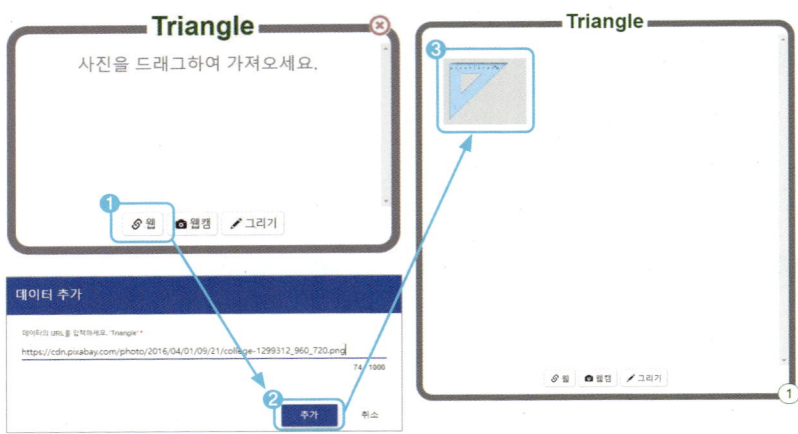

먼저 웹에서 링크를 가져오는 방법이에요. 캔버스 아래의 '웹' 버튼을 클릭하고 주소를 붙여 넣습니다. 그다음 '추가' 버튼을 클릭하면 Triangle 레이블 안에 원하는 이미지가 입력된 것을 확인할 수 있습니다.

② **웹캠으로 촬영하기**

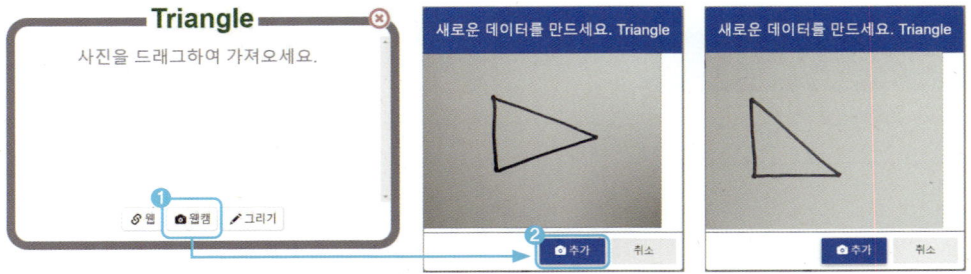

이번에는 웹캠으로 직접 촬영하는 방법을 살펴볼게요. '웹캠'을 클릭하고 종이에 그려진 삼각형을 카메라에 비춥니다. 마찬가지로 '추가' 버튼을 누르면 데이터가 입력됩니다.

③ **마우스로 그림 그리기**

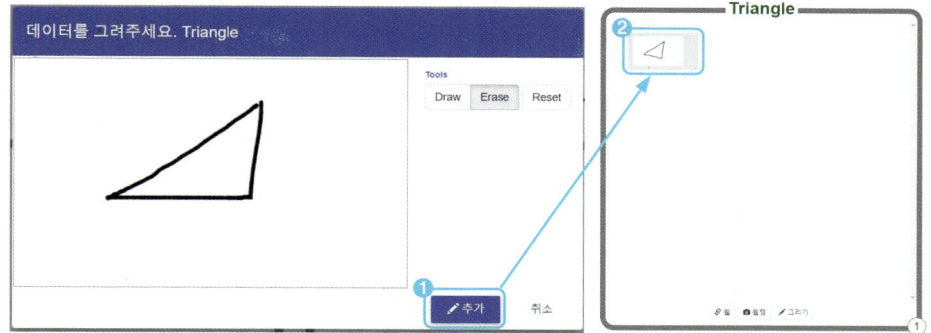

직접 원하는 모양을 그려 넣을 수도 있습니다. '그리기' 버튼을 클릭하고 마우스로 삼각형을 그립니다. 수정하고 싶다면 'Erase' 버튼을, 처음부터 다시 그려야 한다면 'Reset'을 누르세요. 마음에 드는 모양이 나왔으면 '추가'를 클릭해 레이블에 입력됐는지 확인해 주세요.

④ **웹사이트에서 이미지를 드래그해 가져오기**

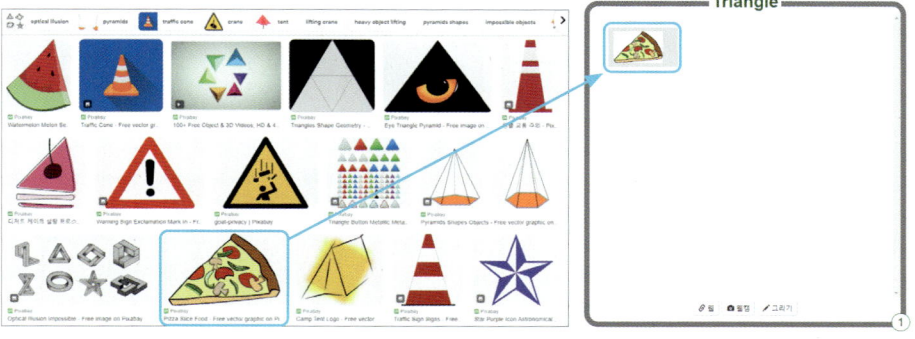

제가 가장 추천하는 방법은 검색 결과 화면에서 이미지를 드래그해 업로드하는 것입니다. 먼저 검색창에 삼각형 모양의 물체를 입력합니다. 원하는 이미지를 찾았다면 그대로 드래그해 레이블 화면으로 가져와 주세요. 예시 이미지처럼 원하는 이미지가 등록된 것을 볼 수 있어요. 이 방법은 다양한 자료를 간편하게 입력할 수 있어 시간도 단축할 수 있답니다.

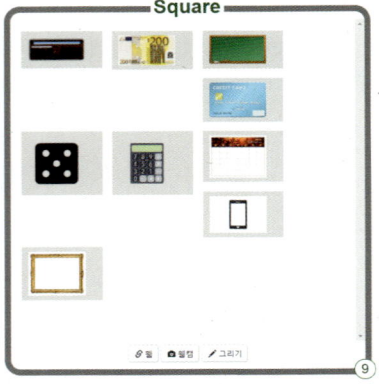

이미지는 적어도 8개 이상 입력하고 레이블 당 이미지의 개수는 통일하는 편이 좋습니다. 이미지의 양이 너무 적거나 레이블 간 이미지 양이 다르면 제대로 학습이 안 될 수도 있습니다. 이미지 양은 각 레이블의 오른쪽 하단에 실시간으로 표시되니 중간중간 개수를 확인하며 진행해 주세요. 이미지 종류도 다양하게 섞어 사용하는 것을 추천합니다. 세모 모양을 학습시킨다면 전형적인 삼각형의 형태 외에 각도기, 옷걸이 등 도형의 모양을 본뜬 여러 가지 물체를 섞어 넣어 주세요. 이미지를 충분히 입력했다면 왼쪽 상단의 '프로젝트로 돌아가기' 버튼을 클릭해 첫 화면으로 이동합니다.

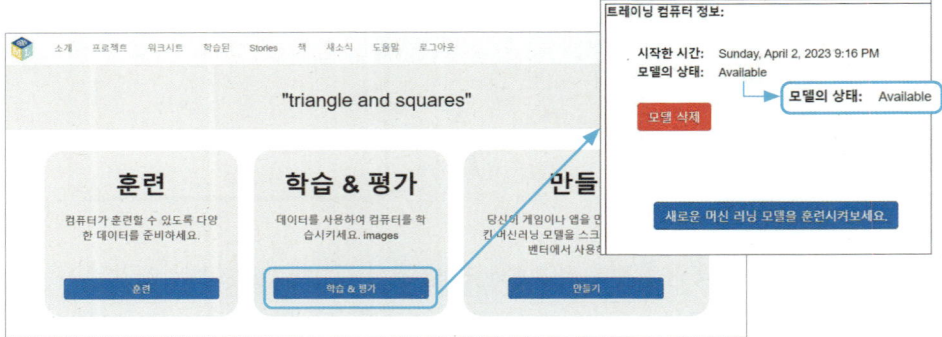

이제 우리가 입력한 데이터를 컴퓨터에게 학습시킬 차례입니다. '학습 & 평가 → 새로운 머신 러닝 모델을 훈련시켜 보세요'를 순서대로 클릭합니다. 모델의 상태가 'available(이용 가능)'로 변경되면 학습이 완료된 것입니다.

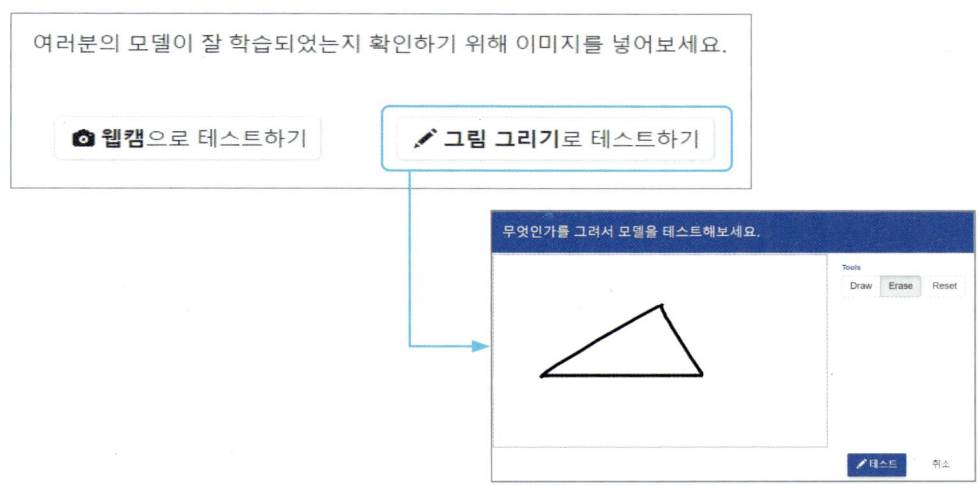

마지막으로 완성된 모델이 제대로 훈련됐는지 평가해 보겠습니다. 이때 평가용 이미지는 새로운 데이터를 입력해야 정확도를 확실히 알 수 있어요. 이미지를 입력할 때와 마찬가지로 평가 또한 웹 링크, 웹캠, 그림 그리기 모두 가능하지만 이번 실습에서는 그림 그리기로 테스트해 볼게요. 'Draw' 버튼을 클릭해 마우스로 삼각형을 그리고 '테스트' 버튼을 클릭합니다. 모델이 제대로 훈련됐다면 삼각형은 'Triangle'로, 사각형은 'Square'로 인식할 거예요.

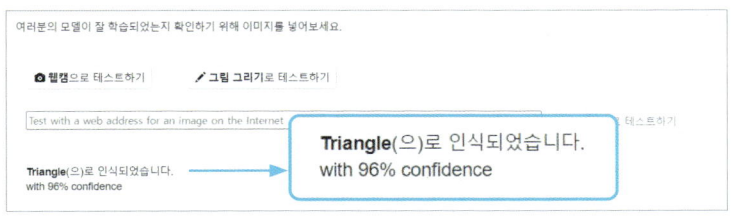

'confidence'는 컴퓨터가 생각하는 예측 정확도를 뜻하며 100%에 가까울수록 그림이 삼각형에 가깝다는 뜻이에요. 92%가 나온 것으로 보아 이 모델은 제대로 훈련됐다고 할 수 있어요.

 **제욱쌤의 활동 큐레이션**

· 소요 시간

· 난이도

삼각형, 너의 이름은

머신러닝 포 키즈를 이용해 인공지능에게 예각, 직각, 둔각 삼각형에 대해 알려줄 거예요. 과연 인공지능은 삼각형의 차이를 이해하고 구별하는 모델로 성장할 수 있을까요? 세 삼각형의 특징을 살려 그림을 그린 후 인공지능을 학습시켜 봅시다.

활동 과정

① 이름은 'angle', 인식 방법은 '이미지'로 설정한 후 '만들기'를 클릭합니다.

② 3개의 레이블을 생성하고 각도에 따라 제목을 '89'(예각), '90'(직각), '91'(둔각)로 설정하세요.

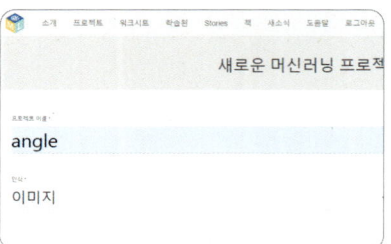

③ '그리기'를 클릭해 레이블에 맞는 삼각형 이미지를 입력합니다.

④ '학습 & 평가'로 이동해 인공지능 모델을 학습시킵니다.

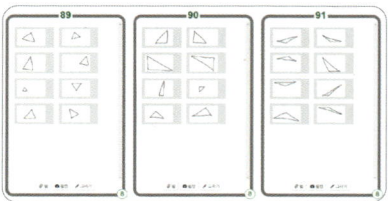

무엇을 하고 있나요?
다음의 그림을 컴퓨터가 인식하기 위해 여러분은 데이터를 모았습니다. 89, 90 or 91.
여러분이 수집한 데이터:
- 8 examples of 89.
- 9 examples of 90.
- 8 examples of 91

⑤ 학습이 완료됐다면 새로운 데이터를 입력해 인공지능 모델의 정확도를 평가해 보세요.

⑥ 친구들이 그린 도형도 인식해 보며 인공지능 모델의 정확도를 테스트해 보세요.

 제욱쌤의 팁

- 레이블별 데이터 개수는 비슷하게 맞춰 주세요. 하나의 레이블에 너무 많은 데이터가 몰리면 컴퓨터는 입력된 데이터를 편향되게 해석할 수 있습니다.
- 도형은 바라보는 방향에 따라 같은 모양도 다르게 인식할 수 있어요. 다양한 구도와 각도의 데이터를 입력해 주세요.
- 도형 크기도 다양하게 넣는 것이 좋아요. 빈칸을 가득 채울 만큼 크게, 때론 아주 작게 그리며 인공지능이 여러 크기를 학습할 수 있도록 도와주세요.

 **수업 설계안**

지도 학습 원리가 들어간 머신러닝 포 키즈를 수학 시간에 활용해 보는 수업입니다. 학생들이 도형의 이름과 모양을 알려주면 인공지능은 이를 학습해 발전합니다. 선생님이 되어 인공지능을 가르친다고 생각해 학생들의 참여도가 높습니다. 사용 방법에서 설명한 삼각형과 사각형 배우기(2학년) 같이 쉬운 내용부터 체험해 보세요.

 수업 흐름은 어떻게 구성하나요?

이전 차시의 티처블 머신 수업과 동일하게 인공지능 학습 방법인 지도 학습에 대해 간단히 설명하고 진행하는 것이 좋습니다. 중요한 내용은 반복할수록 학생의 이해도가 높아지겠죠? 그다음 주변에서 찾을 수 있는 도형이나 교과서 속 도형 이미지를 보여주면서 학습을 시작합니다. 이 때 '우리가 인공지능에게 도형을 가르쳐 주자'처럼 스토리텔링 형식을 사용하면 학생들의 반응이 더욱 뜨겁습니다. 도형 이미지를 학습시킬 땐 마우스로 직접 그리도록 하는 것이 좋은데요. 도형을 그리는 과정에서 자연스레 도형에 대해 배우게 되기 때문입니다. 프로그램을 다 만든 후엔 평가 과정을 꼭 진행해 주세요. 만약 프로그램 정확도가 떨어진다면 데이터를 수정하거나 데이터의 양을 늘리는 등 수정 방향을 알려주고 고칠 수 있는 시간을 충분히 주는 것이 좋습니다.

어떤 효과가 있나요?

인공지능을 학습시키는 경험을 통해 학생들은 인공지능도 사람의 도움이 필요하다는 것을 깨닫게 됩니다. 더불어 사람과 달리 인공지능은 Yes나 No가 아닌 가능성(%)으로 판단한다는 사실을 배우게 됩니다.

실제 수업을 진행하다 보면 퍼센트가 낮게 나오는 경우가 많아요. 프로그램을 수정하는 과정에서 인공지능에게는 정확한 데이터(질적)와 빅데이터(양적)가 모두 필요하다는 것을 강조해 주세요. 머신러닝 포 키즈 활용 수업으로 학생들이 데이터의 중요성을 꼭 학습하기를 바랍니다.

2차시

단계	내용	시간(분)
도입	• 우리 주변에 있는 도형 찾아보기	10
전개	• 직각 삼각형의 모양을 머신러닝 포 키즈로 학습시키기 • 예각 삼각형의 모양을 머신러닝 포 키즈로 학습시키기 • 둔각 삼각형의 모양을 머신러닝 포 키즈로 학습시키기 • 내가 찾은 도형과 짝이 찾은 도형을 인공지능으로 확인하기 • 인공지능 모델 실행하고 오류 수정하기	50
정리	• 인공지능 인식 결과 확인하고 특징 정리하기 • 도형의 이름 정의하기	20

 **수업 지도안**

학습 목표

머신러닝 포 키즈를 적용한 도형 분류 활동으로 도형의 구성 요소와 성질을 탐구하고 설명할 수 있습니다.

준비물

도구	플랫폼
태블릿 PC 또는 컴퓨터	머신러닝 포 키즈

교육 과정 연계

교과	성취기준
수학	[4수03-09] 여러 가지 모양의 삼각형에 대한 분류 활동을 통하여 직각 삼각형, 예각 삼각형, 둔각 삼각형을 이해한다.

수업 자료
다운로드

2차시 수업 지도안

학습 목표	머신러닝 포 키즈를 적용한 도형 분류 활동으로 도형의 구성 요소와 성질을 탐구하고 설명할 수 있습니다.
준비물	노트북 또는 웹캠이 연결된 컴퓨터, 스마트패드 또는 연필, 종이
지도상의 유의점	영어에 익숙하지 않은 학생을 위해 숫자를 활용하거나 영어 단어를 제시해 주세요.

학습 단계	교수·학습 활동	시간(분)	활용 자료 및 지도 팁
도입	● 동기 유발 　- 사진 속에는 어떤 도형이 있을까? ● 학습 목표 제시 　- 머신러닝 포 키즈를 통해 도형의 구성 요소와 성질을 탐구하고 설명할 수 있다.	10	
전개 1	● 활동 1. 도형 모양 학습시키기 　- 머신러닝 포 키즈 플랫폼 학습하기 　- 직각 삼각형 모양 학습시키기 　- 예각 삼각형 모양 학습시키기 　- 둔각 삼각형 모양 학습시키기	30	**TIP** 교사가 실시간으로 간단한 모델을 만드는 모습을 보여줍니다.
전개 2	● 활동 2. 학습 결과 확인하기 　- 내가 그린 그림으로 학습 결과 확인하기 　- 짝꿍이 그린 도형으로 학습 결과 확인하기	20	• 준비물: 종이, 연필 등 **TIP** 검증하는 방법을 간단하게 보여 주세요.
전개 3	● 활동 3. AI 학습 결과 정리하기 　- 직각, 예각, 둔각 삼각형의 특징 살려 그려보기 　- 삼각형별 특징 설명하기	10	**TIP** 관찰 결과에 내재한 개념을 발견하는 일은 학생이 중심이 되도록 하고, 교사가 직접 제시하지 않도록 주의합니다.
정리	● 정리하기 　- 선생님이 되어 인공지능을 학습시켜본 소감 발표하기	5	

수업 PPT

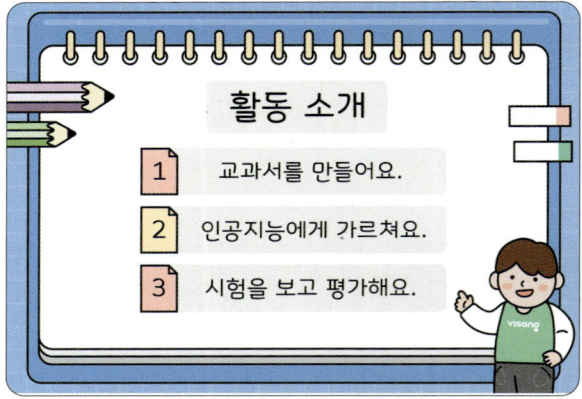

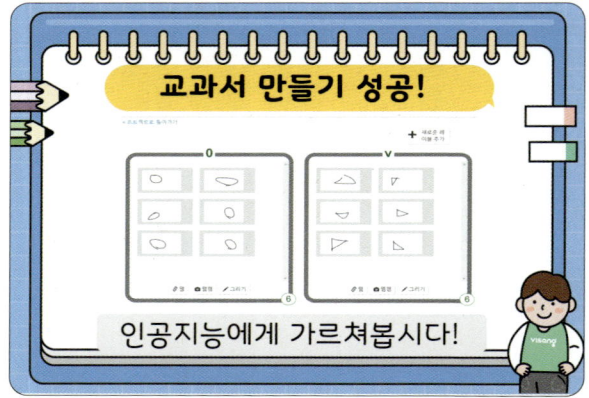

 **활동지**

학생 활동지

머신러닝 포 키즈로 도형 배우기

학년   반   이름

🐣 **인공지능 교과서에 도형을 넣어 봅시다.**

1. 웹캠에서 직접 촬영하는 방법

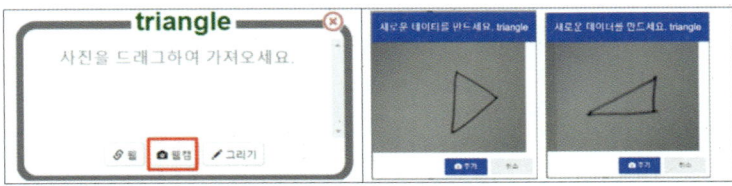

2. 직접 그리는 방법

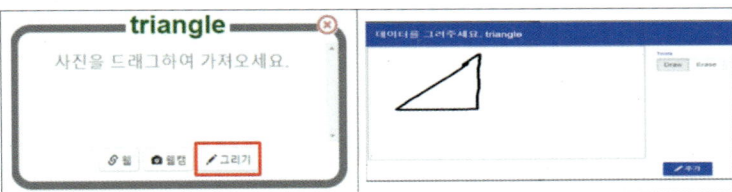

🐣 **인공지능이 잘 학습했는지 알아볼까요?**

1. 직접 그려서 확인해 봅시다.
2. 새로운 사진을 찍어 확인해 봅시다.
3. 친구와 바꿔 서로의 그림을 인식해 봅시다.

🐣 **오늘 배운 도형의 특징을 써봅시다.**

C.I.A (Class In A.I)

코코 데이터 세트: 설명하는 글쓰기

- **추천 학년**: 5학년 이상
- **수업 시수**: 1차시
- **연계 교과**: 국어, 사회

착용하는 순간 주변 사물을 스스로 인식하고 자세하게 설명해 주는 안경이 있다면 어떨 것 같나요? 인공지능을 활용하면 우리의 상상을 현실로 만들 수 있어요. 인공지능의 시각에 대해 알아보고 눈앞의 이미지를 친절하게 설명해 주는 인공지능 프로그램을 만들어 봅시다.

 수업 한 줄 평

인공지능에도 눈이 있는 것 같아요!

이미지를 분할해 정리하는 **코코 데이터 세트**

데이터 세트(Data set)란 일정한 기준에 따라 데이터가 분류된 모임을 말해요. 여러 동물의 사진 중에서 강아지는 강아지끼리, 고양이는 고양이끼리 묶어 정리했다면 각 동물의 집합이 바로 데이터 세트입니다. 인공지능이 스스로 사진 속 객체를 탐지하고 이미지를 분할해 300,000개 이상의 이미지 데이터를 쌓아 둔 곳이 있습니다. 바로 코코 데이터 세트(COCO dataset)라는 플랫폼이죠. 간단한 버튼 조작만으로도 인공지능의 이미지 분할 기능을 체험해 볼 수 있어 수업 활용도가 높습니다.

AI 지식 한 스푼 : 컴퓨터 비전이란?

우리가 눈으로 사물을 보고 인식하는 것처럼 인공지능도 이미지에서 의미 있는 정보를 추출하고 인식할 수 있습니다. 이처럼 인간의 시각적인 인식 능력을 컴퓨터에 재현하는 것을 컴퓨터 비전이라 부르는데요. 앞선 플랫폼 수업에서 배운 이미지 인식 기술도 컴퓨터 비전의 한 분야입니다. 둘 다 디지털 이미지를 분석하고 처리하는 기술이지만 목적과 방법에 차이가 있습니다. 컴퓨터 비전은 이미지 인식과 같은 고급 기술 구현을 위한 기반이 됩니다. 이미지 크기를 조정하거나 이미지를 회전시키는 기술이 포함되죠. 이미지 인식은 컴퓨터 비전의 상위 개념으로 딥러닝 등 인공지능 학습 방법을 적용해 인간의 시각과 유사한 방식으로 이미지를 이해하고 판별하는 기술을 말합니다. 이미지 인식에서 추출한 특징을 바탕으로 이미지 안의 물체나 배경을 분리하는 기술은 이미지 분할에 해당하는데요. 이미지 안에 포함된 객체[1]를 추출하거나 객체 내부의 특정 영역을 추출하는 식으로 작동합니다.

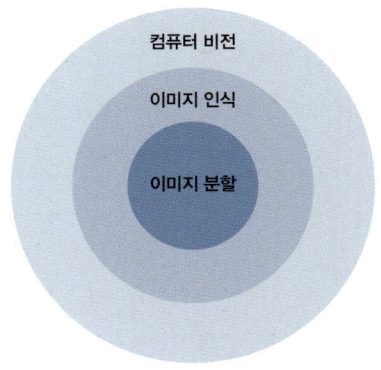

[1] 객체(Object)란 개나 고양이, 인간, 자전거처럼 구분할 수 있는 물체를 뜻합니다.

사용 방법 이해하기

코코 데이터 세트는 프로그램을 설치하거나 계정을 만들지 않고도 바로 이용할 수 있습니다. 사이트에 접속해 'Dataset → Explore'를 클릭하면 객체별로 분류해 놓은 아이콘이 나옵니다. 확인하고 싶은 아이콘을 1개 이상 클릭한 후 'Search' 버튼을 눌러 보세요.

내가 선택한 객체가 포함된 이미지만 검색됩니다. 이미지를 자세히 살펴보면 검은색 외곽선 안에 색깔이 입혀져 있습니다. 이는 컴퓨터 시각이 이미지를 인식해 내가 검색한 객체를 표시한 것입니다. 한 번에 너무 많은 아이콘을 클릭하면 데이터가 검색되지 않으니 개수를 조절하며 사용해 주세요. 아이콘 아래의 영어 단어에서 'X'를 누르면 객체 선택을 취소할 수 있습니다.

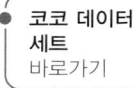 코코 데이터 세트 바로가기

 **형운쌤의 활동 큐레이션**

 40m • 소요 시간 •

 어려움 • 난이도 •

시대별 교통수단의 변화를 설명하는 글쓰기

말을 타고 이동하던 1910년대와 이층 버스가 다니는 2010년대 사회는 어떤 차이가 있을까요? 코코 데이터 세트로 이미지를 찾은 후 교통수단의 변화를 설명하는 글을 써 봅시다.

 **활동 과정**

① 코코 데이터 세트에서 말을 타는 옛날 사람의 이미지를 찾습니다.

② 같은 방법으로 오늘날의 버스 이미지를 찾습니다.

③ 내가 고른 이미지를 보고 두 교통 수단의 공통점과 차이점을 정리해 봅니다.

공통점	차이점

• 사람이 탈 수 있다.
• 무거운 짐을 싣고 이동할 수 있다.
	• 자동차는 바퀴가 있고 기계다.
	  비나 눈이 와도 갈 수 있다.
	• 말은 바퀴가 없고 동물이다.
	  비나 눈이 오면 갈 수 없다.

④ ③에서 정리한 내용을 바탕으로 설명하는 글을 써 봅시다.

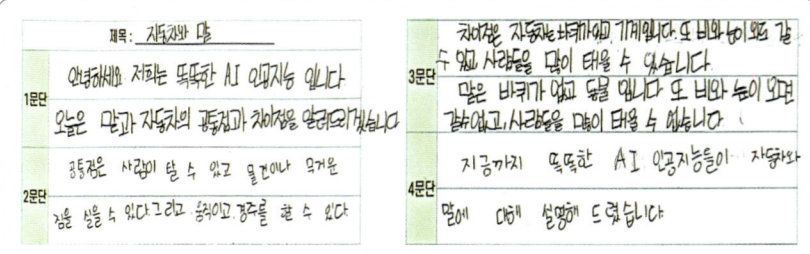

 형운쌤의 팁

- 코코 데이터 세트에 접속했을 때 팝업이 뜨면 영어인 상태로 이용해 주세요. 사이트가 한국어로 번역되면 플랫폼이 제대로 작동하지 않을 수 있습니다.

- 코코 데이터 세트의 객체는 왼쪽으로 갈수록 이미지 개수가 많습니다. 오른쪽 아이콘을 눌러 검색 결과가 적게 나온다면 왼쪽에 있는 아이콘을 누르도록 지도해 주세요.

수업 설계안

코코 데이터 세트는 이미지를 다양한 기준으로 분류하고 있어 여러 과목과 연계할 수 있습니다. 플랫폼의 작동 원리인 이미지 분할, 이미지 인식에 대한 개념 수업보다는 다른 과목과 연결 지어 활용하는 방법을 추천해요. 선생님도, 학생들도 인공지능 융합 수업이 어렵지 않다는 것을 느낄 수 있을 거예요. 이번 장에서는 국어 교과와 연계해 진행하는 수업을 소개해 드릴게요.

수업 흐름은 어떻게 구성하나요?

먼저 코코 데이터 세트의 원리인 데이터 세트, 이미지 분할, 컴퓨터 비전 등에 대해 간단히 설명합니다. 이미지 분할이란 개념이 낯설게 느껴질 수 있으니 예시를 들어가며 설명해 주세요. '똑같은 객체인 신호등이 담긴 이미지들은 같은 바구니에 넣는다'는 식으로요. 이후 플랫폼 사용 방법을 시연하고 설명하는 글을 쓰는 방법을 안내합니다.

시대별 산업 구조와 교통의 발달 과정에 대해 설명하는 글을 쓴다면 먼저 시대를 구분한 후 각각의 교통수단 이미지와 설명을 글로 엮는 과정을 가르쳐 주세요. 그다음 열거한 내용을 바탕으로 중심 문장과 문단을 이어 서술하면 됩니다. 글에 들어가는 이미지는 코코 데이터 세트에서 찾도록 지도해 주세요. 설명하는 글이 완성됐다면 짝과 바꾸어 읽어 보며 동료 평가를 진행합니다. 대조하는 글쓰기 등 다른 차시와 연계해 심화 수업을 진행할 수도 있습니다.

어떤 효과가 있나요?

교과서 중심 차시에서는 일상생활과 동떨어진 주제로 설명하는 글을 쓰는 경우가 많았는데요. 코코 데이터 세트를 활용하면 자신이 선택한 주제에 맞춰 인공지능이 이미지를 선별해 주고 이를 다시 글로 작성하는 과정을 통해 더욱 흥미롭게 학습할 수 있습니다. 다른 교과목과도 연계할 수 있어 과목별 성취기준을 만족하는 다양한 수업을 준비할 수도 있습니다.

1차시

단계	내용	시간(분)
도입	• 코코 데이터 세트로 알아보는 이미지 분할	5
전개	• AI 렌즈가 만드는 코코 데이터 세트 • AI가 설명하는 이미지 • AI 렌즈로 보이는 산업 구조와 교통 발달	30
정리	• 이미지 분할에 대해 배운 내용 정리하기	5

# 수업 지도안

학습 목표

AI 렌즈의 시각에서 대상을 설명하는 글을 써 봅니다.

준비물

도구	플랫폼
태블릿 PC 또는 컴퓨터	코코 데이터 세트

교육 과정 연계

교과	성취기준
국어	[6국03-02] 목적이나 주제에 따라 알맞은 내용과 매체를 선정해 글을 쓴다.
사회	[6사01-06] 우리나라의 산업 구조의 변화와 교통 발달 과정에서 나타난 특징을 탐구한다.

수업 자료
다운로드

1차시 수업 지도안

학습 목표	AI 렌즈의 시각에서 대상을 설명하는 글을 써 봅니다.		
준비물	수업 PPT, 학습지, 태블릿 PC 또는 컴퓨터		
지도상의 유의점	구글 크롬 환경에서 잘 작동하므로, 크롬으로 접속하는 것을 권장합니다.		
학습 단계	교수·학습 활동	시간 (분)	활용 자료 및 지도 팁

도입	● 동기 유발: 스토리텔링(AI 렌즈에 필요한 기능)
	  – 인공지능이 인간보다 사물을 더 정확하게 파악할 수 있는 이유 알아보기
	● 학습 목표 제시
	  AI 렌즈의 시각에서 대상을 설명하는 글을 써보기
		5	● 참고 영상: 콘택트 렌즈 끼자, 길 안내 척척 (출처: 유튜브_SBS 뉴스)

전개 1	● 활동 1. AI 렌즈가 만드는 코코 데이터 세트
	  – 이미지 분할, 이미지 인식의 개념을 알고, 코코 데이터 세트 검색 방법을 알아보기
	  – 사람들이 모아 놓은 다양한 사진에서 내가 원하는 이미지 버튼을 눌러 보기
	  – 분류된 이미지 중 교통수단 몇 가지를 고르고 검색하기
		10	● 준비물: 학습지 ①

전개 2	● 활동 2. AI 렌즈가 설명하는 이미지
	  – 이미지의 특징으로 열거할 내용을 조사하기
	  – AI 렌즈가 물건의 이름, 모양, 용도, 색깔, 대략적인 가격 등을 설명할 수 있도록 정보 찾기
	  – AI 렌즈의 시각에서 설명하는 글쓰기
		10	● 준비물: 학습지 ②
			TIP
			네이버 쇼핑 렌즈를 활용하면 주변 사물의 특성, 가격, 구매 장소 등을 알 수 있습니다.

전개 3	● 활동 3. AI 렌즈로 보이는 산업 구조와 교통 발달
	  – 나와 짝꿍이 고른 이미지를 대조해 글을 써 보기
	  – 두 교통수단을 대조해 설명하는 글을 쓰고 평가하기
		10	● 준비물: 학습지 ③, ④
			TIP
			비교는 두 대상의 공통점을 중심으로, 대조는 차이점을 설명하는 방법임을 안내합니다.

정리	● 정리하기
	  – AI 렌즈에 더 많은 데이터가 필요한 이유 정리하기
	  – 이미지 분할에 대해 알게 된 내용을 발표하고 배움 공책에 정리하기
		5	● 준비물: 배움 공책

수업 PPT

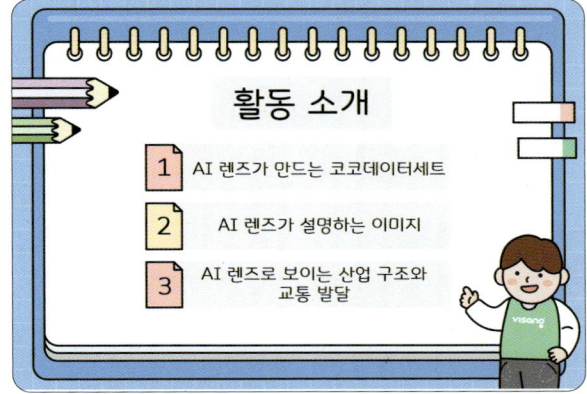

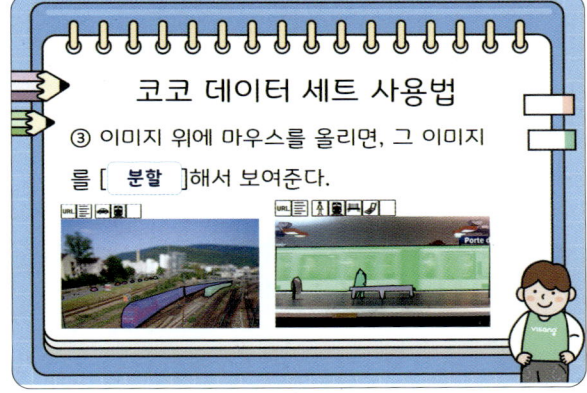

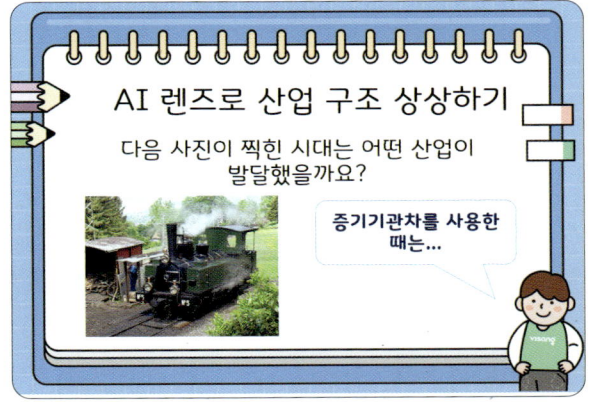

활동지

학생 활동지
AI 렌즈가 만드는 코코 데이터 세트

학년   반   이름

🐥 코코 데이터 세트에서 배운 용어를 정리해 봅시다.

(1) (   ) : 영상, 사진상 보이는 물리적 성질별로 다른 것을 구분하는 것
(2) (   ) : 사람이나 동물 시각 체계의 기능을 컴퓨터로 구현하는 것
(3) (   ) : 관찰, 실험, 조사로 얻은 사실이나 정보
(4) (   ) : 어떤 규칙에 따라 배열된 데이터들의 모임

🐥 코코 데이터 세트에서 사용 방법을 정리해 봅시다.

① 사이트 접속 후 _____ → _____ 를 클릭합니다.
② 화면에 나타나는 _____ 아이콘을 클릭하고 _____ 버튼을 누릅니다.
③ 이미지 위에 마우스를 올리면 그 이미지를 _____ 해서 보여줍니다.
④ 이미지를 분할하지 않으려면 _____ 버튼을 누르면 됩니다.

※ 너무 많은 아이콘을 클릭하면 데이터가 없어 검색되지 않을 수 있습니다.

🐥 코코 데이터 세트에서 내가 설명하고 싶은 이미지를 골라 그려 봅시다.

🐥 코코 데이터 세트에서 새롭게 알게 된 점을 정리해 봅시다.

C.I.A (Class In A.I)

활동지

학생 활동지
AI 렌즈로 보이는 산업 구조와 교통 발달

학년   반   이름

 나와 짝이 하나씩 고른 이미지를 비교, 대조해 적어 봅시다.

내 검색어: _____	짝의 검색어: _____
이미지 내용:	이미지 내용:

 나와 짝이 하나씩 고른 이미지를 대조하는 글을 써봅시다.

제목 :	
설명할 내용 대략적으로 소개	_____을(를) 설명해 보겠습니다. _____과 _____에는 두 가지 차이점이 있습니다.
차이점 ①	
차이점 ②	
마무리	_____에 대해 설명드렸습니다.

C.I.A (Class In A.I)

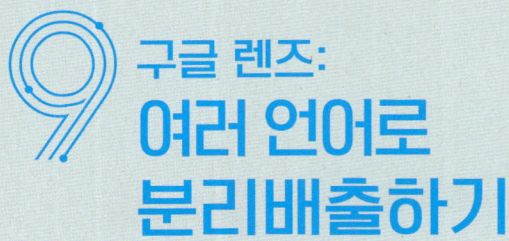

구글 렌즈:
여러 언어로 분리배출하기

- 추천 학년: 1~2학년
- 수업 시수: 1차시
- 연계 교과: 국어, 슬기로운 생활

평범해 보이는 아이들의 호기심도 인공지능과 만나면 특별한 경험으로 바뀔 수 있어요. 이번 차시에는 구글 렌즈를 활용해 우리가 세상과 상호작용하는 방법을 어떻게 바꿀 수 있을지 살펴봅시다.

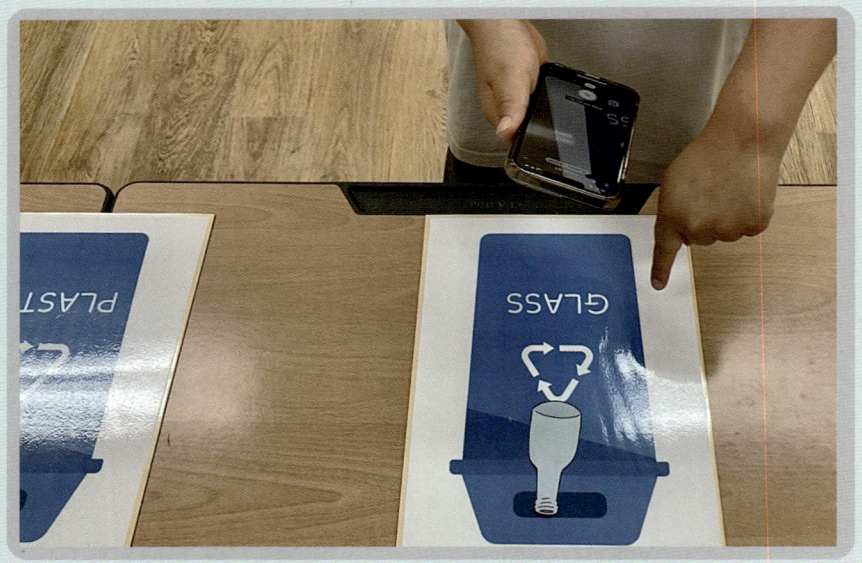

 수업 한 줄 평

구글 렌즈만 있으면 어려운 사건을 해결하는 명탐정이 된 것 같아요.

 ## 이미지를 글자와 소리로 바꾸는 **구글 렌즈**

구글 렌즈(Google Lens)는 스마트폰 카메라 렌즈로 물체를 스캔했을 때 관련 정보나 구글 검색 결과를 표시하는 앱입니다. 동물과 식물의 이름, 외국어로 쓰인 제품의 사용 방법, 상품 정보 등 렌즈를 통해 들어오는 모든 종류의 글자와 이미지를 인터넷 속 데이터와 대조해 시각적으로 가장 비슷한 결과를 찾아 주죠. 카메라를 비추는 것만으로 원하는 정보를 찾을 수 있어 저학년 수업에 적합합니다. 일상생활에서 한글을 읽고 이해하는 데 어려움을 겪는 학생이나 장애가 있는 아이들과 함께 활용해 보는 것도 좋습니다. 넘치는 호기심을 가진 아이들에게 기술을 활용해 자신의 능력을 마음껏 펼쳐 보는 경험을 선물해 보세요.

 ### AI 지식 한 스푼 : 광학 문자 인식 기술이란?

광학 문자 인식(OCR: Optical Character Recognition)이란 문자(text)를 구분하고 인식해 컴퓨터가 처리할 수 있는 형태의 정보로 변환하는 기술을 말합니다. 스마트폰 카메라로 신용카드를 스캔하면 카드 번호가 자동으로 입력되고 주차장에서 차량 번호가 저절로 인식되는 마법 속엔 OCR 기술이 숨겨져 있습니다. 단순히 글자와 문서의 이미지를 데이터와 대조해 인식하던 초기 OCR과 달리 오늘날엔 딥러닝으로 문장의 앞뒤를 파악해 스캔한 단어를 추론하는 단계까지 발전했습니다. 덕분에 정지 화면은 물론 움직이는 영상 속 글자까지 정확히 인식할 수 있게 됐고 글꼴에 따른 인식의 제약도 획기적으로 줄어들었습니다.

사용 방법 이해하기

스마트폰에 구글 앱을 설치합니다. 안드로이드 기반 스마트폰이라면 '구글 렌즈' 앱으로 대체할 수 있어요. 다운로드가 끝난 후엔 앱을 클릭해 실행합니다. 구글 렌즈는 로그인 없이 사용이 가능하니 바로 검색창 끝부분의 카메라 모양 아이콘을 눌러 주세요.

카메라 화면과 셔터 모양 아이콘으로 구성된 메인 화면이 나옵니다. 하단에는 구글 렌즈에서 사용할 수 있는 7가지 기능이 소개되는데요. 손가락으로 넘기면 좌우로 이동하며 살펴볼 수 있으니 모드를 바꿔가며 활용해 보세요. 이번 장에서는 번역 기능을 사용할 거예요.

번역 기능을 선택하면 카메라 셔터 속 아이콘이 변경되고 스마트폰 화면 위쪽에 번역할 언어를 고르는 메뉴가 나옵니다. 구글 렌즈에서 번역 대상이 되는 출발어는 '언어 감지'로 설정되어 있습니다. 인공지능이 알아서 카메라에 비친 언어를 분석하기 때문에 기본값 그대로 사용하는 것이 편리합니다. 번역의 결과가 되는 도착어는 '한국어'로 설정돼 있는데요. 모국어로 한국어를 쓰지 않는 학생이나 다른 언어로 번역하는 학습 활동을 진행할 때 원하는 나라의 말로 바꾸어 활용할 수 있습니다.

번역 방법도 아주 간단합니다. 스마트폰으로 사진을 찍는 것처럼 번역할 글자를 카메라로 비춰 주세요. 인공지능이 알아서 도착어로 번역해 증강 현실로 띄워줍니다. 이때 구글 렌즈가 글자를 인식하고 번역할 때까지 카메라를 그대로 고정시키고 기다리는 것이 중요해요. 셔터를 눌러 촬영하는 방법도 있습니다. 사용자가 셔터를 누르는 순간 구글 렌즈는 촬영된 화면 속 모든 문자를 글자로 인식해 자동으로 번역해 줍니다. 번역이 완료된 화면에서 '듣기'를 클릭하면 인공지능 음성으로 변환해 들을 수 있습니다. 구글 렌즈가 인식한 글자 중 필요한 부분만 손가락으로 터치해 음성으로 들어 보거나 클립보드에 복사해 다른 수업에 활용하는 방법도 추천합니다.

주익쌤의 활동 큐레이션

• 소요 시간 • 40m
• 난이도 • 쉬움

여러 언어로 분리배출하기

여러 나라의 언어로 쓰인 분리배출함에 재활용 쓰레기를 분류해 넣어 볼까요? 먼저 글자를 보고 어떤 종류의 수거함인지 예측해 본 후 구글 렌즈로 번역해 확인해 봅시다.

활동 과정

① 활동지에서 재활용 쓰레기 카드를 가위로 오려 준비합니다.

② 구글 렌즈로 글자를 비춰 보며 어떤 쓰레기를 넣어야 할지 확인합니다.

③ ①에서 자른 재활용 쓰레기 카드를 알맞게 분리배출합니다.

④ 분리배출한 결과를 친구들과 함께 이야기해 봅시다.

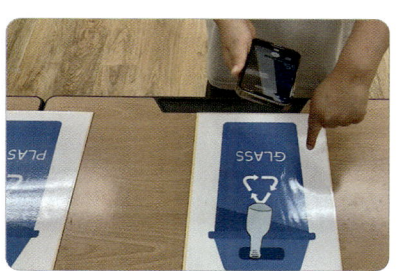

- 사전에 영어나 한국어 등 언어 데이터를 앱에서 다운로드해 두면 인터넷이 연결되지 않아도 번역 기능을 사용할 수 있어요.
- 스마트 기기를 삼각대에 거치해 활용하면 여러 학생이 구글 렌즈를 공유해 사용하기 수월해요.
- 어떤 나라의 글자인지 맞혀 보며 해당 국가에 관해 간단히 이야기 나눌 수 있어요.

수업 설계안

일상생활에서 쉽게 찾을 수 있는 각종 영어 문구. 아직 외국어에 익숙지 않은 학생들에겐 영어로 된 간판이나 메뉴판이 어렵게 느껴질 수 있습니다. 이럴 때 구글 렌즈의 번역 기능은 학생들이 다양한 정보를 이해하고 활용하는 데 큰 도움을 주는데요. 이번 차시에는 구글 렌즈로 여러 정보를 수집하고 생활 속 문제를 해결하는 방법에 대해 알아보겠습니다.

수업 흐름은 어떻게 구성하나요?

시각장애와 같이 글자를 눈으로 보고 읽기 어렵거나 생활 속에서 글자의 의미를 이해하기 어려운 상황에 대해 질문해 주세요. 학생들이 스스로 문제를 해결할 수 있는 방법을 고민해 보도록 한 후 구글 렌즈에 대해 소개합니다. 저학년 학생들은 선생님의 시범만으로 구글 렌즈의 사용 방법을 이해하기 어려울 수 있습니다. 사용법을 순서대로 나열하는 활동을 추가하여 꼼꼼하게 익히고 시작할 수 있도록 지도해 주세요. 모든 활동이 끝난 뒤에는 분리배출한 결과와 인공지능에 대해 새롭게 알게 된 점을 발표하며 마무리합니다.

어떤 효과가 있나요?

구글 렌즈로 정보를 찾고 이를 활용해 생활 속 문제를 해결해 보는 과정을 겪으며 학생들은 인공지능이 다양한 곳에서 사람들에게 편의를 제공하고 있음을 알게 됩니다. 특히 이 수업은 초등 저학년과 발달장애가 있는 친구들을 포함한 모든 아이들이 함께 참여하기 좋습니다. 글자를 읽고 쓰는 데 어려움이 있던 아이들은 인공지능 기술로 원하는 정보를 찾고 활용하는 경험을 통해 성취감과 자신감을 갖게 됩니다. 나아가 다른 수업과 생활 속 다양한 문제 상황에도 적극적으로 참여해 보려는 자세와 태도를 익힐 수 있습니다.

1차시

단계	내용	시간(분)
도입	• 분리배출에 어려움을 겪는 경우 생각해 보기	5
전개	• 구글 렌즈 번역 기능 실습하기 • 구글 렌즈로 분리배출하기	32
정리	• 인공지능으로 해결할 수 있는 일상생활과 사회 속 문제 찾기	3

# 수업 지도안

학습 목표

인공지능의 필요성을 이해하고 구글 렌즈를 활용해 분리배출을 할 수 있습니다.

준비물

도구	플랫폼
태블릿 PC 또는 스마트폰	구글 렌즈

교육 과정 연계

교과	성취기준
국어	[2국02-03] 글을 읽고 주요 내용을 확인한다.
슬기로운 생활	[2슬05-02] 이웃과 함께 쓰는 장소와 시설물의 종류와 쓰임을 탐색한다. [2슬07-03] 내가 알고 싶은 나라를 조사하여 발표한다.

수업 자료
다운로드

🔵 1차시 수업 지도안

학습 목표	인공지능의 필요성을 이해하고 구글 렌즈를 활용해 분리배출을 할 수 있습니다.		
준비물	수업 PPT, 학습지, 스마트폰 또는 태블릿 PC		
지도상의 유의점	– 인공지능을 도입하는 차시입니다. 저학년의 수준을 고려해 쉬운 용어를 사용해 주세요. – 인공지능 개념을 나열하기보단 필요성을 깨닫고 플랫폼을 체험하는 것에 집중해 주세요.		
학습 단계	교수·학습 활동	시간(분)	활용 자료 및 지도 팁
도입	● 동기 유발 – 분리배출함 위에 적힌 표지판을 읽기 어려운 경우 떠올려 보기 – 예시 ①: 외국어로만 표기된 분리배출함 – 예시 ②: 한글을 읽고 이해하는 데 어려움이 있는 사람 ● 학습 목표 제시 – 구글 렌즈를 활용해 여러 나라의 언어로 분리배출하기	5	
전개 1	● 활동 1. 문제 해결 방법 찾기 – 문제를 해결할 수 있는 방법 생각해 보기 – 인공지능의 필요성 알아 보기	10	
전개 2	● 활동 2. 구글 렌즈 사용법 익히기 – 구글 렌즈 사용법 알아 보기 – 구글 렌즈의 사용법을 순서대로 표현하기 – 영어 단어를 구글 렌즈로 번역하기	10	• 준비물: 활동지 ① **TIP** 구글 렌즈 사용법을 순서대로 나열하기 어렵다면 제시된 순서도의 빈칸을 채우는 활동으로 대체해 주세요.
전개 3	● 활동 3. 구글 렌즈를 활용해 분리배출하기 – 구글 렌즈를 활용해 여러 나라의 언어로 분리배출하기 – 문제 해결 결과 발표하기 – 구글 렌즈 사용 후 느낀 점 발표하기	12	
정리	● 정리하기 – 인공지능으로 해결할 수 있는 일상생활과 사회 속 문제 찾기	3	

수업 PPT

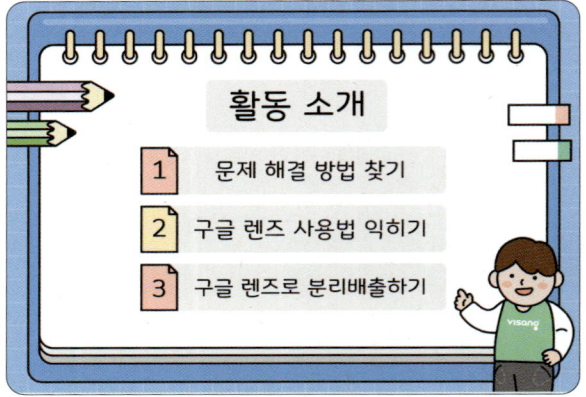

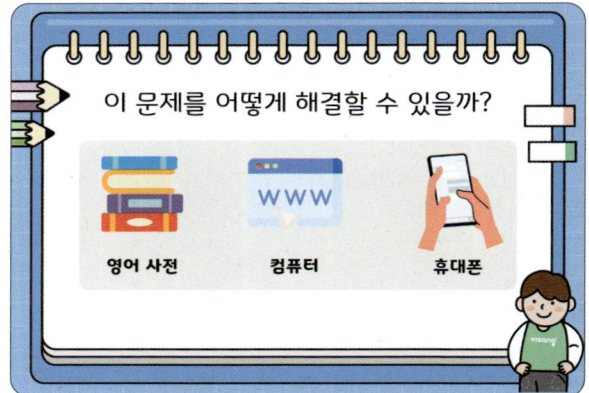

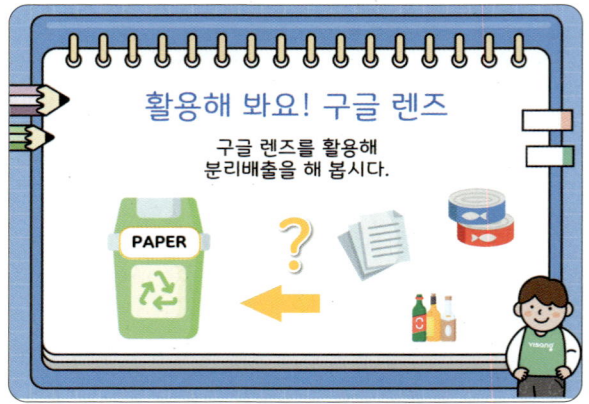

활동지

학생 활동지
구글 렌즈로 재활용 쓰레기 분리배출하기

학년   반   이름

구글 렌즈를 활용해 재활용 쓰레기를 알맞게 분리배출해 봅시다.

بلاستيك   قنينة زجاجية   بروغ

플라스틱류

종이류

유리류

비닐류

C.I.A (Class In A.I)

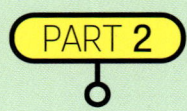

원리가 술술 풀리는 AI 수업

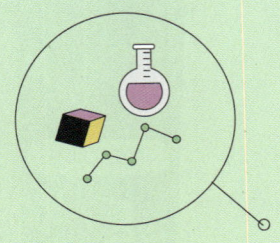

원리 소개

지도 학습

비지도 학습

강화 학습

데이터

인공지능 윤리

지도 학습: 의사결정 나무로 펭귄 찾기

- 추천 학년 : 4~6학년
- 수업 시수 : 1차시
- 연계 교과 : 실과

남극의 마스코트 펭귄. 귀여운 생김새와 우스꽝스러운 걸음걸이로 많은 사람들에게 사랑받는 동물 중 하나죠. 만약 여러분의 친구가 펭귄을 한 번도 본 적이 없다면 어떻게 설명해 주면 좋을까요? 의사결정 나무를 그려 인공지능 친구에게 펭귄을 소개해 줍시다.

 수업 한 줄 평

인공지능이 생각하는 방법을 알게 되어 신기했어요!

원리 이해하기

인공지능 컴퓨터는 다양한 데이터를 쌓으며 스스로 새로운 지식을 터득합니다. 이를 머신러닝이라고 하는데요. 학습하는 방법에 따라 지도 학습과 비지도 학습, 강화 학습으로 나눌 수 있습니다. 지금부터 세 챕터에 걸쳐 인공지능의 학습 방법에 대해 알아보겠습니다.

지도 학습이란?

여러분이 빙수 가게 사장님이 됐다고 상상해 봅시다. 똑똑한 여러분은 기온이 높아질수록 빙수의 판매량이 많아진다는 사실을 깨달았고, 다음 달 매출을 예측하기 위해 온도와 판매량을 표로 정리했어요. 그 결과 빙수 판매량은 온도의 3배만큼 늘어난다는 것을 알게 됐죠. 이후 여러분은 일기 예보와 판매량 예측값에 맞춰 재료를 알맞게 준비하게 됐고 가게를 매우 효율적으로 운영하게 되었답니다.

이와 같이 미리 **정답을 알려주고 학습**하는 방법을 **지도 학습**이라 부릅니다. 온도(원인)와 판매량(결과)을 함께 입력하면 인공지능은 각 데이터의 특징을 파악해 '온도 × 3 = 판매량'이라는 규칙을 찾아내죠. 새로운 값이 들어오면 이전에 학습해 놓은 규칙을 바탕으로 예측할 수도 있습니다. '기온이 28도까지 올라가면 빙수는 84개를 팔겠구나.'라는 식으로요.

지도 학습은 크게 분류(classification)와 회귀(regression)로 나뉩니다. 먼저 **분류는 대상을 일정한 기준에 따라 나누는 방식**으로 강아지와 고양이의 사진을 학습해 귀의 모양, 주둥이의 길이 등에 따라 결과를 구분하는 것이죠. **회귀는 비어있는 값을 학습된 패턴에 맞춰 예측하는 방법**입니다. 온도 변화에 따른 빙수 판매량을 수치화해 패턴을 파악한 후 미래의 값을 추론하는 경우가 회귀에 해당합니다.

초등학생에게 지도 학습의 개념은 매우 어려울 수 있습니다. 실제 수업에서는 지도 학습의 분류 모델인 의사결정 나무를 활용해 이론을 간단히 짚고 넘어가 주세요. 놀이 활동으로 학생의 흥미를 유도하면 수업의 몰입도를 높일 수 있습니다.

'스팸 접근 금지!', 깨끗한 메일함을 만드는 지도 학습

누구나 한 번쯤은 스팸 메일로 눈살을 찌푸린 경험이 있을 거예요. 우리가 원하지 않는 메일을 자동으로 걸러주는 시스템이 있다면 정말 편하겠죠? 이럴 땐 인공지능의 스팸 메일 필터링 기능을 사용해 보세요. 스팸 메일과 일반 메일을 구분하는 기준을 제공하면 인공지능은 과거의 이메일 데이터를 기반으로 구분 방법을 학습합니다. 이후 새로운 메일이 도착하면 스팸 메일인지 아닌지를 예측하고 스팸 메일이라 판단되면 걸러내 사용자의 메일함에 들어가지 못하도록 처리하죠.

의사결정 나무

의사결정 나무는 말 그대로 나무를 뒤집은 모양과 비슷하게 생긴 지도 학습 분류 모델입니다. 인공지능이 **데이터의 특징을 추출해 분류 기준을 세운 후 같은 것과 다른 것을 구분하는 방식으로 작동**하는데요. 가지를 내려 분류하는 과정이 끝나면 모든 조건에 최적화된 예측 결과만 남게 됩니다. 어릴 적 즐겨하던 스무고개 놀이를 떠올리면 쉽게 이해할 수 있을 거예요.

신선한 바나나를 고르는 의사결정 나무로 예를 들어 보겠습니다. 일단 신선한 바나나만 갖는 특징들을 생각해야 해요. 바나나에 멍든 부분은 없는지, 바나나 껍질이 노란색인지, 꼭지 부분이 싱싱한지 등 오래된 바나나와 구별되는 내용을 정리해 보세요. 그다음 중요도 순서대로 질문을 나열해 보면 분류 단계를 최소화한 의사결정 나무를 완성할 수 있습니다.

그렇다면 좋은 의사결정 나무란 무엇일까요? 친구와 숫자 맞히기 게임을 한다고 가정해 봅시다. 친구가 0부터 100까지 중 하나를 고르면 여러분은 적절한 질문을 던져 답을 예측해 보는 거예요. 질문하는 방법은 다양한데요. 복잡하게 생각하기 싫다면 '네가 고른 숫자는 1이니?'란 질문을 숫자만 바꿔가며 반복할 수 있겠죠. 하지만 이 경우 같은 문장을 100번이나 반복해야 하는 불상사가 생길 수 있습니다. 정답을 빨리 맞히고 싶다면 데이터(0~100까지의 수)를 한쪽으로 걸러낼 수 있는 질문을 던져야 해요. '50보다 작거나 같은 숫자인가요?'처럼 말이죠. 좋은 의사결정 나무를 만드는 과정도 이와 동일합니다. 적절한 분류 기준을 세운 후 질문 단계를 최소화해야 효율적으로 데이터를 분류할 수 있습니다.

지도 학습의 분류 모델은 여러 가지가 있는데요. 그중 의사결정 나무를 활용한 이유는 다음과 같습니다. 먼저 구체적 조작기의 학생들이 의사결정 나무를 직접 그리며 조작 활동으로 학습할 수 있기 때문이에요. 또한 나무를 그리는 과정에서 학생마다 다른 작품을 만들 수 있고, 이를 친구들과 공유하면서 같은 데이터로 다양한 분류 모델이 만들어진다는 사실을 알 수 있습니다. 더불어 미술 교과와 연계해 수업할 수 있어 시수를 확보하기에도 유리합니다.

인혁쌤의 활동 큐레이션

의사결정 나무로 펭귄 찾기

•소요 시간• 20m •난이도• 보통

펭귄을 한 번도 본 적 없는 친구와 동물원에 간 여러분! 펭귄을 어떻게 소개하면 좋을까요? 동물원의 여러 동물과 펭귄을 분류하는 의사결정 나무를 그려 봅시다.

활동 과정

① 동물 카드를 보며 각 동물의 특징을 생각해 봅니다.

② 카드의 다른 동물과 구별되는 펭귄만의 특성을 정리합니다.

펭귄	펭귄이 아닌 동물
부리가 있다	부리가 없다
날개가 있다	날개가 없다

원리가 술술 풀리는 AI 수업

③ 펭귄과 다른 동물을 구별하는 의사결정 나무를 그립니다.

④ 완성한 의사결정 나무를 칠판에 게시하고 발표합니다.

- 스마트 기기(태블릿, PC 등)를 활용하면 동물을 구분하는 기준이 더욱 풍성해집니다.
- 동물을 더 추가해 응용할 수 있습니다.
- 의사결정 나무를 완성한 후에는 나무의 효율성을 높이는 방법에 대해 토의해 보세요.

수업 설계안

의사결정 나무를 활용한 수업은 인공지능이 생각하는 방식을 눈으로 확인할 수 있어 매우 유용합니다. 학생들은 딱딱한 이론 대신 놀이가 가미된 활동을 통해 인공지능의 학습 원리를 쉽게 이해하게 됩니다. 스마트 기기 없이 간편하게 진행하는 언플러그드 수업이라 준비하기도 수월합니다. 아래의 표를 참고해 다양한 교과와 연계해 수업을 기획해 보시기를 추천합니다.

학년	과목	단원	내용
4-1	과학	1. 지층과 화석	퇴적암, 화석 분류하기
4-2	과학	1. 식물의 생활	여러 가지 식물 분류하기
4-2	사회	1. 촌락과 도시의 생활 모습	촌락과 도시 분류하기
4-2	수학	6. 다각형	여러 가지 다각형 분류하기
5-1	과학	2. 태양계와 별	태양계 분류하기
5-1	과학	4. 다양한 생물과 우리 생활	다양한 생물 분류하기
5-2	과학	5. 산과 염기	여러 가지 용액 분류하기
5-2	사회	1. 옛사람들의 삶과 문화	신분제에 대해 알아보고 주어진 정보를 이용해 신분 예측하기
6-1	과학	1. 지구와 달의 운동	달의 모습 예측하기
6-2	과학	2. 계절의 변화	태양의 고도, 그림자 길이, 기온으로 계절 예측하기

수업 흐름은 어떻게 구성하나요?

학생들이 재밌게 접근할 수 있도록 문제 상황을 스토리텔링으로 제시합니다. 이때 학생들이 친근하게 느끼는 동물이나 인공지능 로봇 캐릭터를 사용하면 좋습니다. 저는 익숙한 과일인 바나나로 의사결정 나무를 그리도록 안내했습니다. 인공지능 이론을 처음 배우는 학생들에게 의사결정 나무라는 개념이 낯설 수 있으니 예시를 바꿔가며 다양하게 그려보도록 지도해 주세요. 이 과정에서 학생들은 인공지능이 생각하는 방식을 체험해 볼 수 있습니다. 이후 결과물을 공유하고 의견을 나누며 효과적인 의사결정 나무를 구성하는 방법을 논의해 보도록 합니다.

어떤 효과가 있나요?

인공지능 기술은 이미 우리 생활 곳곳에서 다양한 서비스의 형태로 적용되고 있어요. 하지만 전문가가 아닌 우리에겐 여전히 먼 미래의 이야기처럼 느껴질 때가 많습니다. 이번 수업을 통해 주변의 인공지능 서비스를 찾아보고 인공지능이 생각하는 방식을 배운다면 미래를 향한 막연한 두려움을 줄일 수 있을 거예요. 또한 의사결정 나무를 반복해 그리는 경험을 통해 새로운 기술을 개발하고 접근하는 것이 생각만큼 어려운 일이 아니라는 걸 깨닫게 될 거예요.

1차시

단계	내용	시간(분)
도입	• 신선한 바나나를 고르기 위한 기준 생각하기	5
전개	• 의사결정 나무 학습하기 • 펭귄이 가진 특성을 사용해 기준 만들기 • 의사결정 나무 만들기	30
정리	• 의사결정 나무 정리하기 • 의사결정 나무에 대해 알게 된 점 정리하기	5

 # 수업 지도안

학습 목표

의사결정 나무의 원리를 알아보고 의사결정 나무를 그릴 수 있습니다.

준비물

도구	주요 활동
태블릿 PC	의사결정 나무 만들기

교육 과정 연계

교과	성취기준
실과	[6실05-02] 컴퓨터에게 명령하는 방법을 체험하고 주어진 문제를 해결하는 프로그램을 작성한다.
자율	[06자율-2] 놀이를 통해 알고리즘의 다양한 사례를 체험하는 활동을 수행한다.

수업 자료
다운로드

🔗 1차시 수업 지도안

학습 목표	의사결정 나무의 원리를 알아보고 의사결정 나무를 그릴 수 있습니다.
준비물	수업 PPT, 컴퓨터 또는 태블릿 PC
지도상의 유의점	– 스토리텔링을 통해 동기를 유발해 주세요. – 의사결정 나무를 이용해 언플러그드 코딩과 인공지능의 기초를 이해하도록 합니다.

학습 단계	교수·학습 활동	시간(분)	활용 자료 및 지도 팁

도입	● 동기 유발: 스토리텔링(꽁지 로봇 동물원 구경 가기)
	  – 스토리텔링으로 흥미 유발하기
	● 학습 목표 제시
	  – 의사결정 나무의 원리를 알아보고 펭귄에 대한 의사결정 나무 그리기
		5	**TIP** 동기 유발 스토리텔링은 수업 자료에서 확인할 수 있어요.

전개 1	● 활동 1. 의사결정 나무 알아보기
	  – 신선한 바나나의 분류 기준 생각하기
	  – 바나나 분류 기준의 중요도 매기기
	  – 의사결정 나무로 신선한 바나나 고르기
		10	**TIP** 의사결정 나무의 위쪽 가지에서 걸러진 동물이 아래쪽 가지에 다시 등장하지 않도록 주의합니다.

전개 2	● 활동 2. 펭귄 찾기 의사결정 나무 만들기
	  – 다른 동물과 구분되는 펭귄의 특성 찾기
	  – 의사결정 나무에 적용할 분류 기준 세우기
	  – 분류 기준을 적용해 의사결정 나무 만들기
	  – 의사결정 나무 발표하기
		20	**TIP** 스마트 기기를 활용해 동물의 특성을 검색해 본 후 활동을 진행하면 더욱 정교하게 만들 수 있습니다.

정리	● 정리하기
	  – 의사결정 나무를 살펴본 후 수정 방안을 포스트잇에 적기
	  – 의사결정 나무에 대해 알게 된 내용 발표하기
		5	

수업 PPT

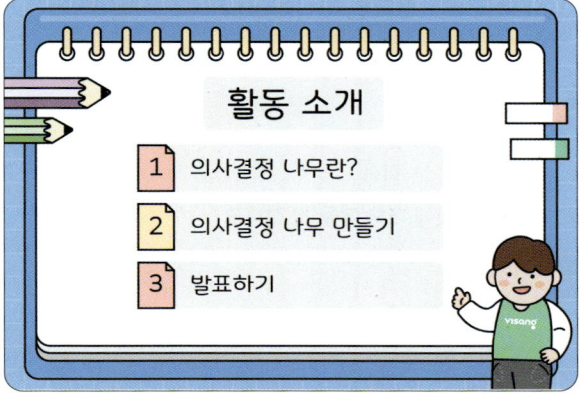

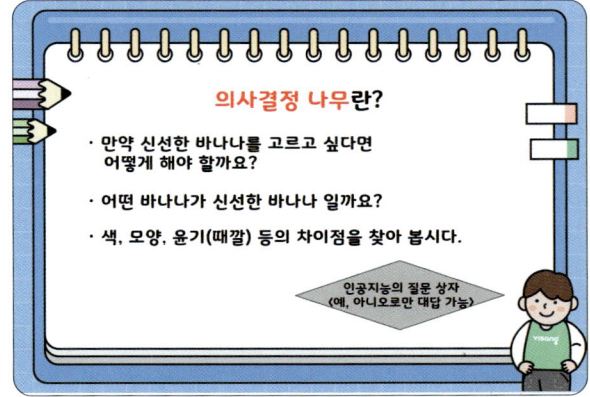

활동지

학생 활동지
의사결정 나무에 대해 알아보자

학년   반   이름

🐤 선생님의 이야기에 집중해 주세요. 오늘은 무엇에 대해 배울 것 같나요?

┌─────────────────────────────┐
│   │
│   │
└─────────────────────────────┘

🐤 의사결정 나무란 무엇인가요?

┌───┐
│ 가장 _____의 지점부터 가지가 끝나는 지점까지 뻗어나가는 모델. │
│ 중요한 _____을 설정하고 알맞게 선택할 때 사용해요.   │
└───┘

🐤 의사결정 나무를 따라 그려 봅시다.

🐤 의사결정 나무를 잘 활용하려면 어떤 데이터를 적용하는 것이 좋을까요?

_____
_____

C.I.A (Class in A.I)

활동지

 학생 활동지

의사결정 나무 만들기

동물 사진을 잘라 의사결정 나무에 활용해 보세요.

C.I.A (Class In A.I)

2 비지도 학습: 나만의 뷔페 만들기

- 추천 학년 : 4~6학년
- 수업 시수 : 2차시
- 연계 교과 : 실과

내가 좋아하는 음식들엔 어떤 공통점이 있을까요? 좋아하는 음식만 모아 놓고 살펴보면 비슷한 점과 차이점을 알 수 있을 것 같아요. 이번 시간에는 최애 음식으로 뷔페를 만들어 보며 군집화의 개념에 대해 알아볼게요.

✏️ 수업 한 줄 평

정답이 없는데 공부를 한다니 인공지능은 정말 대단해요.

원리 이해하기

비지도 학습이란?

인공지능은 정답을 알아야만 학습할 수 있을까요? 아닙니다. 사람과 마찬가지로 컴퓨터도 **정답이 없는 데이터를 비슷한 특징끼리 묶어 새로운 데이터를 만들고 활용**할 수 있어요. 이와 같은 방법을 비지도 학습이라 부르는데요. 여기서 정답이 없다는 것은 라벨링 작업이 되지 않은 데이터라는 뜻입니다. 인공지능이 직접 데이터 사이의 패턴을 찾고 유사한 항목을 묶어야 하기 때문에 복잡한 수학적 계산이 들어갑니다.

이전 수업에서 분류를 지도 학습의 기술이라고 배웠는데요. 비지도 학습도 묶어서 자동으로 분류하는 기술이라면 결국 둘은 같은 것 아닐까요? 이런 생각이 스쳤다면 정말 잘 따라오고 계신 겁니다. 조금 더 자세히 살펴볼게요. 지도 학습의 초기 학습 과정에서 1,000개의 데이터에 각각 〈1. 오리〉, 〈2. 토끼〉, 〈3. 오리〉처럼 정답을 입력했다고 가정해 보겠습니다. 학습이 끝난 후에 1,001번째 데이터가 들어오면 지도 학습 모델은 데이터를 바탕으로 오리라고 판독합니다. 반면 비지도 학습은 초기 학습부터 스스로 데이터의 특징을 파악합니다. 부리와 날개가 있는 것은 1군집, 쫑긋 선 귀를 가진 동물은 2군집, 이런 식으로요. 새로운 데이터가 입력되면 학습한 내용을 바탕으로 특징을 찾아 비슷한 값을 가진 군집으로 분류합니다. 각 군집에 오리, 토끼, 고슴도치 등 이름을 붙이는 것은 분류가 끝난 뒤에 사람이 하는 일이죠. 정리하자면 지도 학습은 라벨링 된 데이터가 어떤 그룹에 속하는지 판단하고, 비지도 학습은 자체적으로 데이터를 구분해 그룹을 만드는 것이죠.

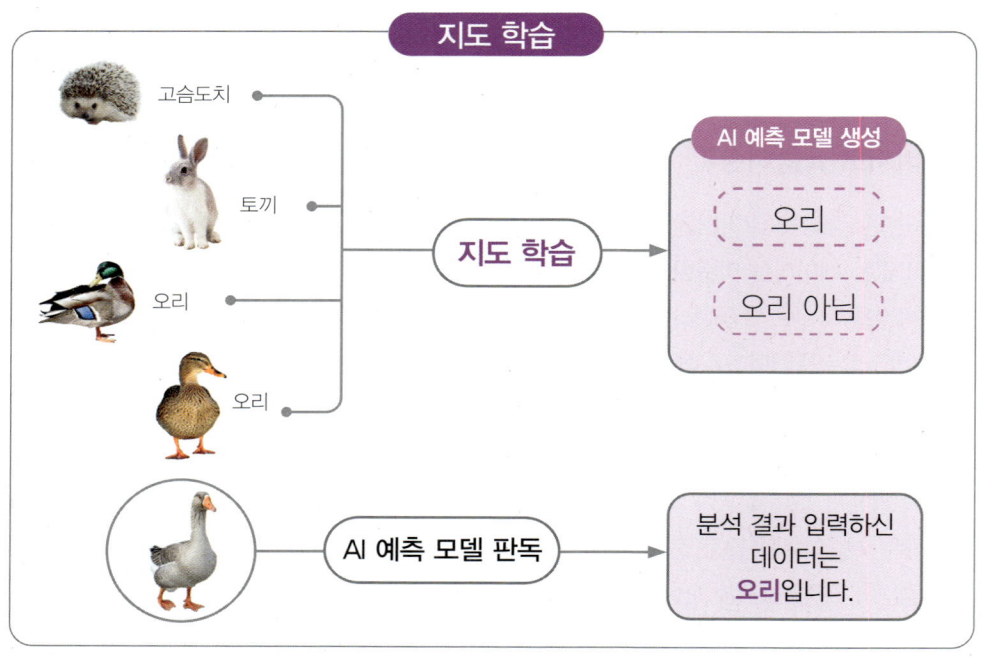

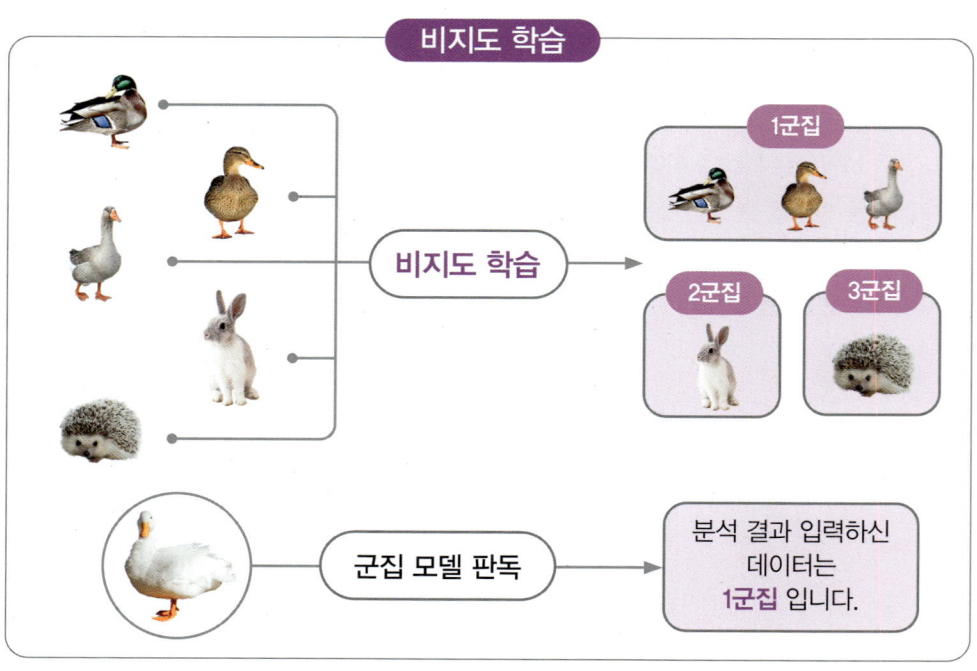

군집화란?

비지도 학습에는 다양한 알고리즘이 있는데요. 오늘은 **데이터를 비슷한 특성을 가진 그룹으로 묶는** 군집화(clustering)에 대해서만 다뤄 보겠습니다. 비지도 학습의 대표적인 사례로, 원리가 비교적 간단해 초등학생도 쉽게 이해할 수 있습니다.

스마트폰 앨범을 켜서 검색 버튼을 터치해 보세요. 여러분이 그동안 촬영한 사진들이 사람, 위치, 유형별로 분류돼 있을 거예요. 먼저 사람 그룹을 살펴보면 사진이 이름별로 묶여 있는데요. 인공지능이 사진 속 인물 정보와 사용자가 입력한 이름을 학습한 후 다른 사진에서 같은 인물을 찾아 하나의 그룹으로 만든 것입니다. 이미지 안의 물건이나 특징을 자동으로 인식해 태그를 생성하는 기능도 있습니다. 사용자가 검색 창에 '고양이'를 입력하면 앨범 속 인공지능은 고양이의 특징을 인식해 여러 사진 중에서 고양이가 포함된 이미지만 선별해 줍니다.

더 정교한 가짜를 만드는 생성적 적대 신경망

두 명의 여성 사진 중 진짜 사람은 어느 쪽일까요? 두 장의 사진 모두 실제 여성을 찍은 듯 보이지만 사실 오른쪽은 인공지능 이미지 생성기를 통해 만들어진 가짜입니다. 진짜 같은 정교함 속에는 생성적 적대 신경망(GAN) 기술이 적용됐습니다. '생성적 적대 신경망'이란 진짜와 비슷한 데이터를 만드는 생성자(Generator)와 데이터의 진위를 판단하는 판별자(Discriminator)가 경쟁하며 더욱 진짜 같은 가짜 이미지를 생성하는 인공지능 모델입니다. 생성자가 위조지폐를 만드는 범인이라면 판별자는 위조지폐를 감별하는 은행 시스템인 셈이죠. 생성적 적대 신경망은 생성자가 판별자를 속이는, 완벽한 가짜를 완성할 때까지 학습을 계속합니다. 사람이 정답을 알려주지 않아도 인공지능이 경쟁 과정을 거치며 스스로 학습한다는 점에서 비지도 학습에 포함됩니다.

 **제욱쌤의 활동 큐레이션**

 20m
· 소요 시간 ·

 보통
· 난이도 ·

최애 음식으로만 꾸미는 나만의 뷔페

나는 어떤 종류의 음식을 좋아할까요? 내가 좋아하는 음식을 살펴보고 비슷한 특징끼리 묶어 보면 공통점을 한눈에 알 수 있겠죠! 여러분의 최애 음식으로 뷔페를 꾸며 친구들과 이야기해 봅시다.

활동 과정

① 내가 좋아하는 음식을 2~3가지씩 묶어 군집을 만듭니다.

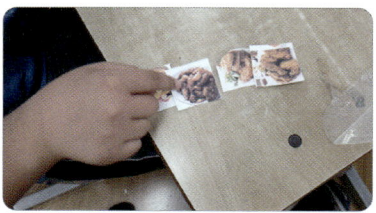

② 친구의 군집화 결과를 보고 기준을 추측해 맞혀 보세요.

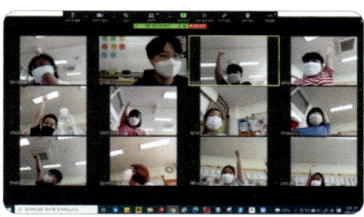

③ 메뉴판에 군집화한 음식 사진을 붙이고 이름을 지어 줍니다.

④ 완성한 뷔페 메뉴판을 친구들에게 소개합니다.

 **제욱쌤의 팁**

- 학생들이 비지도 학습의 개념을 어렵게 느낄 수 있어요. 그럴 땐 비슷한 특징을 가진 것들을 하나로 묶는다고 설명해 주세요. 여러 의자 사진을 보여주며 색, 크기, 모양은 다르지만 공통적인 특징이 있으니 의자로 인식된다는 식이면 충분합니다.
- 군집화에 대해 처음 배우는 만큼 많은 사례를 제시해 반복 연습하도록 합니다.
- 자칫 정답을 찾는 것이 비지도 학습이라고 생각할 수 있어요. 비슷한 것끼리 묶는 과정을 통해 학습하는 방법임을 지도해야 합니다.
- 비대면으로 수업을 진행할 경우 구글 잼보드를 활용해 보세요.

 ## 수업 설계안

학생들이 인공지능의 관점에서 생각하는 활동을 통해 비지도 학습을 간접적으로 경험하는 수업입니다. 인공지능이 데이터를 비슷한 특성을 가진 그룹으로 나누는 것처럼 학생들도 데이터를 특성에 따라 그룹화해 봅니다. 학생들이 수업에 재밌게 참여하도록 가장 좋아하는 음식으로 나만의 뷔페를 만들어 보는 활동을 기획했습니다.

수업 흐름은 어떻게 구성하나요?

인공지능이 구분하기 어려울 것 같은 사진을 보여주며 인공지능의 한계에 대해 질문합니다. 이후 인간이 계속해서 정답을 알려주어야 하는 지도 학습의 단점을 언급하고 스스로 학습하는 인공지능의 필요성을 깨닫도록 유도합니다. 그다음 선생님이 좋아하는 음식을 예로 들며 학생들이 비슷한 것끼리 묶는 군집화의 원리를 경험하도록 해주세요. 이때 사람은 경험적으로 파악할 수 있는 내용을 배경지식이 없는 인공지능은 어떻게 판단할지 질문해 보는 것도 좋습니다. 이를테면 저는 라면과 짜장면, 감자튀김과 간장치킨을 좋아하는데요. 학생들은 이 음식을 보고 '선생님은 면류와 튀김류를 좋아하시네.'라고 파악할 수 있습니다. 하지만 인공지능은 면이라는 형태보다는 색깔에 집중해 라면과 감자튀김, 짜장면과 간장치킨을 각각 하나의 그룹으로 묶는 오류를 범할 수 있습니다.

어떤 효과가 있나요?

이전 차시에서 배운 지도 학습은 정답이 있는 데이터만 학습할 수 있어 한계가 있습니다. 또한 학습 데이터의 양이 부족하거나 각 데이터의 정확도가 떨어지면 원하는 결과를 얻지 못할 수도 있죠. 반면 비지도 학습은 데이터를 입력하면 인공지능이 스스로 학습하기 때문에 지도 학습보다 편리하게 사용할 수 있습니다. 필요한 데이터를 빠르게 확보하고 원하는 대로 가공할 수 있는 비지도 학습에 대해 미리 배워두면 다양한 분야에서 인공지능을 활용할 때 큰 도움이 될 것입니다. 데이터를 읽는 통찰력을 길러 주기도 합니다. 데이터의 특징과 규칙을 찾아내는 과정에서 창의성을 높이고 데이터를 읽어내는 힘을 키워주는 것이죠.

2차시

단계	내용	시간(분)
도입	• 비지도 학습이란?	10
전개	• 인공지능 컴퓨터가 스스로 학습하는 방법 이해하기 • 다양한 음식 사진 속에서 군집화 찾기 • 모둠별 음식 메뉴 공통점 찾기 • 나만의 메뉴판 만들기	60
정리	• 발표 및 학습 정리	10

 **수업 지도안**

학습 목표

언플러그드 활동을 통해 비지도 학습의 원리인 군집화를 이해할 수 있습니다.

준비물

도구	주요 활동
태블릿 PC 또는 컴퓨터	언플러그드 조작 활동

교육 과정 연계

교과	성취기준
실과	[6실02–04] 식재료 생산과 선택의 중요성을 인식하고 여러 식재료의 고유하고 다양한 맛을 경험하여 자신의 식사에 적용한다. [6실05–05] 인공지능이 만들어지는 과정을 체험하고 인공지능이 사회에 미치는 영향을 탐색한다.

● 수업 자료
다운로드

2차시 수업 지도안

학습 목표	언플러그드 활동을 통해 비지도 학습의 원리인 군집화를 이해할 수 있습니다.		
준비물	수업 PPT, 컴퓨터 또는 태블릿 PC		
지도상의 유의점	– 군집화라는 용어를 사용하되 학생들이 이해할 수 있도록 쉽게 풀어 설명해 주세요. – 비지도 학습은 지도 학습에 비해 개념을 정확히 알기 어려워요. 다양한 사례를 제시하고 충분히 학습할 수 있는 시간을 주세요.		
학습 단계	교수·학습 활동	시간(분)	활용 자료 및 지도 팁
도입	● 동기 유발: 동영상 시청 – 〈주인님, 그 녀석은 가짜에요〉 시청하기 – 지도 학습으로 구분하기 어려운 문제 제시하기 ● 학습 목표 제시 – 나만의 뷔페 만들기를 통해 비지도 학습의 원리 이해하기	10	● 참고 영상: 주인님 그 녀석은 가짜에요. (출처: 유튜브)
전개 1	● 활동 1. 인공지능은 어떻게 스스로 학습할까? – 비지도 학습의 정의 학습하기 – 선생님이 좋아하는 음식에서 공통점 찾기 – 다양한 음식 군집에서 공통점 찾기	20	
전개 2	● 활동 2. 친구가 좋아하는 음식의 공통점 찾기 – 다양한 음식 중에서 최애 음식 골라 군집화하기 – 모둠 친구의 최애 음식 특징 찾기	20	**TIP** 군집 속 음식의 개수를 2~3개로 설정합니다.
전개 3	● 활동 3. 나만의 '○○ 뷔페' 만들기 – 최애 음식으로 군집화해 나만의 뷔페 만들기 – 군집의 이름 붙이고 친구들에게 발표하기	20	
정리	● 정리하기 – 비지도 학습의 정의 정리하기	10	● 참고 영상: 비지도 학습 (출처: 소프트웨어야 놀자)

수업 PPT

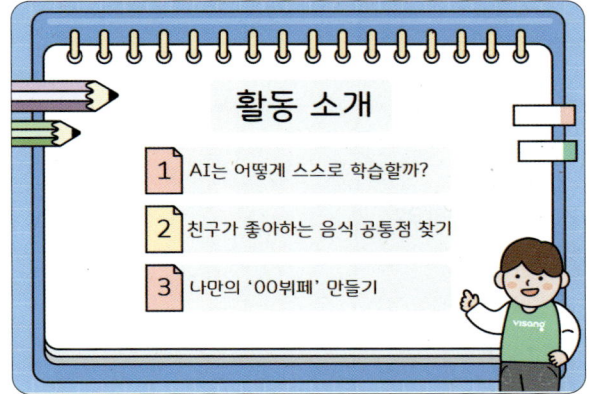

활동지

학생 활동지

비지도 학습의 원리 알기

학년 · 반 　 이름

● 인공지능은 강아지와 나무판을 구분할 수 있을까요?

● 선생님이 좋아하는 음식의 분류 기준을 적어봅시다.

〈사람의 생각〉　　　　　　　　　　〈인공지능의 생각〉

● 인공지능 친구들과 내가 세운 기준은 어떻게 달랐나요?

● 정답이 없는 데이터를 주면 인공지능이 스스로 학습하는 방법을
　_____ 학습이라고 합니다.
　　　　　　　　　　　　　　　　　　　(　　　　　)

● 비지도 학습은 인공지능이 많은 데이터를 통해 특징을 ㄱ ㅈ ㅎ 합니다.
　　　　　　　　　　　　　　　　　　　(　　　　　)

C.I.A (Class In A.I)

활동지

학생 활동지
비지도 학습의 원리 알기

아래의 재료를 오려 사용하세요.

C.I.A (Class in A.I)

강화 학습:
북극곰의 집을 찾아라!

- 추천 학년 : 5학년 이상
- 수업 시수 : 2차시
- 연계 교과 : 실과

북극에 살던 북극곰이 길을 잃었어요. 수많은 장애물을 지나 북극으로 돌아가야 하는데 어떤 길이 제일 빠르고 안전할까요? 지금부터 최적의 이동 경로를 찾기 위해 모둠원끼리 힘을 합쳐야 해요. 1명은 길잡이, 나머지 친구들은 드론 운전자가 되어 강화 학습을 통해 북극곰에게 집으로 가는 안전한 길을 찾아 줍시다.

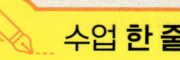 수업 한 줄 평

길 찾기 도전 횟수가 많아질수록 점수가 높아지는 과정이 재밌어요!

원리 이해하기

강화 학습이란?

강화 학습은 인공지능이 특정 행동을 했을 때 보상을 통해 그 행동을 강화시키는 방법입니다. 규칙을 알려주지 않아도 사람처럼 무작위적인 행동 속에서 보상을 받을 수 있는 행동을 찾아 스스로 학습하는 점이 가장 큰 특징입니다. 벽돌 깨기 게임을 떠올려 보며 그림과 함께 이해해 봅시다.

● 강화 학습을 이용한 벽돌 깨기 게임

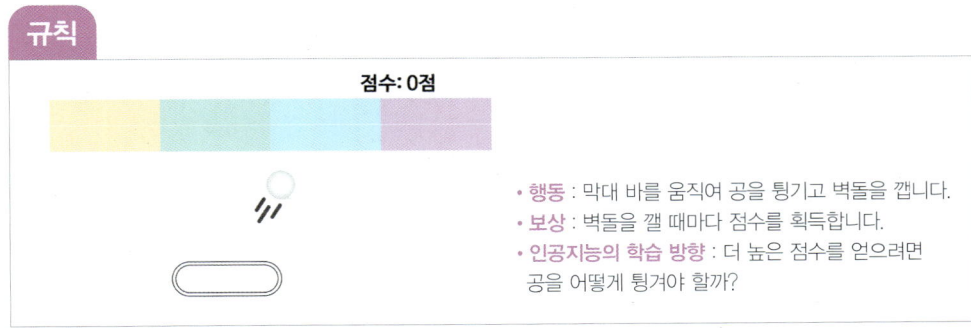

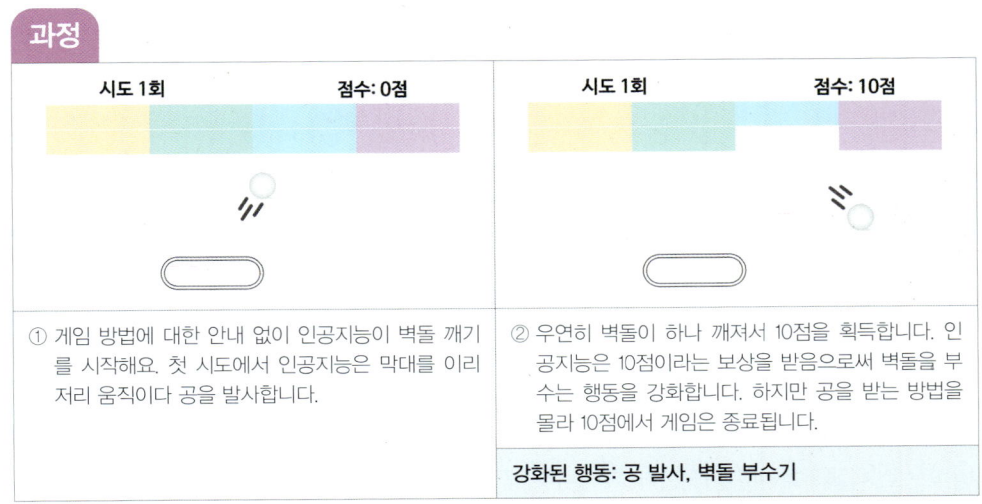

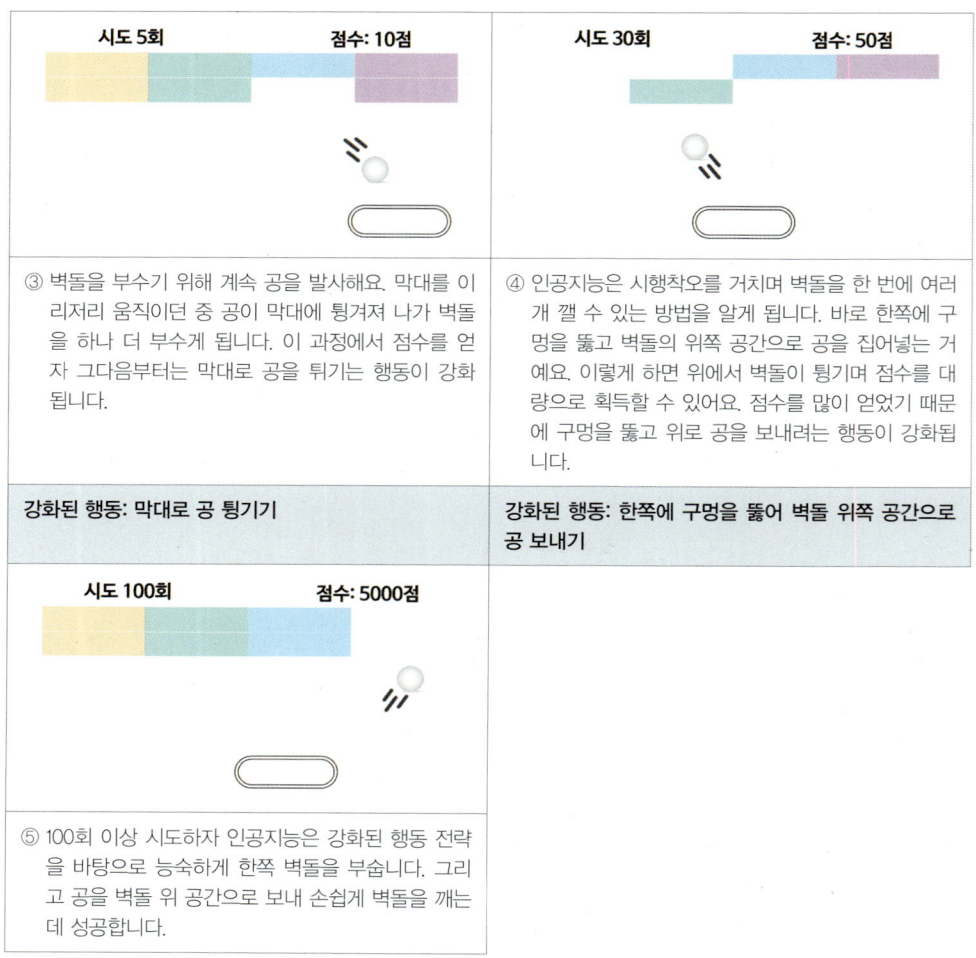

이렇듯 보상을 최대화하기 위해 시행착오를 겪으며 학습하는 과정을 강화 학습이라고 합니다. 바둑, 포커, 체스 같은 규칙이 있는 간단한 게임부터 자율 주행 자동차, 챗봇의 언어 학습, 주식 투자 전략 등 복잡한 분야까지 다양하게 활용되고 있어요.

사람도 강화 학습을 하는데요. 사람과 인공지능의 학습 방법에는 큰 차이가 있습니다. 바로 시도 횟수에요. 인공지능은 개발 목표에 따라 인간이 설정해 둔 보상을 최대화하기 위해 여러 방식으로 시뮬레이션을 돌리는데 그 횟수가 무려 수만~수천만 번에 이릅니다. 이세돌 구단과 바둑을 둔 알파고가 대표적입니다. 알파고에게 바둑의 승리 조건을 입력한 후 수천만 번 이상 시뮬레이션을 거치며 승리 확률이 높은 행동을 강화한 것입니다. 덕분에 상대가 처음 보는 방식으로 바둑을 두더라도 상황별로 승리할 확률이 가장 높은 자리에 바둑돌을 내려놓을 수 있게 됐죠.

주차까지 척척, 강화 학습으로 완성한 자율 주행 자동차

복잡한 교통 환경을 탐색해 자율 주행 자동차의 안전성과 효율성을 높일 때도 강화 학습이 활용됩니다. 자율 주행 자동차의 주차 과정을 예로 들어 보겠습니다. 자동차가 주차될 공간이 주황색 네모칸이라면 차가 해당 구역 안에 들어갔을 때마다 보상으로 높은 점수를 줍니다. 반대로 주변의 다른 차나 물건과 충돌하면 점수를 깎도록 설정합니다. 자율 주행 자동차는 카메라, GPS와 여러 센서를 이용해 방향을 틀고 이동하며 성공과 실패를 반복합니다. 이 과정에서 보상을 받을 수 있는 최적의 행동을 탐색하고 안전하게 주차하는 방법을 터득하는 것이죠.

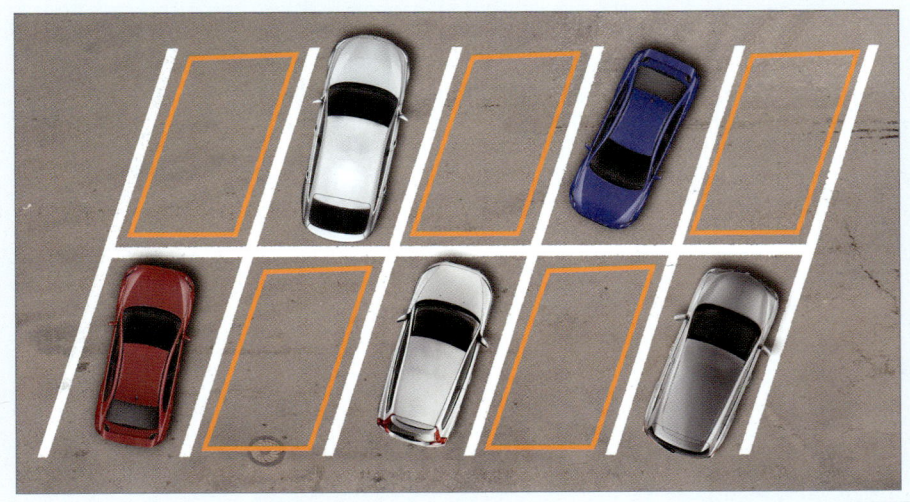

 준상쌤의 활동 큐레이션

 50m
· 소요 시간 ·

 보통
· 난이도 ·

북극곰의 집을 찾아라!

집을 잃어버린 북극곰이 고향까지 안전하게 돌아갈 수 있게 도와주는 활동입니다. 드론 조종사가 된 여러분은 과연 숨겨진 장애물을 피해 목적지까지 무사히 도착할 수 있을까요? 무작위로 길을 선택하고 보상받는 과정을 통해 강화 학습을 체험해 봅시다.

● 기본 규칙

점수 종류	점수	
시작 점수	+500	
안전 칸	-10	
장애물 칸	-50점	-30점
북극 도착	+500점	

활동 과정

① 모둠별로 길잡이 1명을 선정합니다. 길잡이는 장애물 위치가 표시된 지도를 받고 친구들이 장애물을 밟는지 알려주는 역할입니다. 나머지 모둠원은 드론 조종사가 돼 모험을 떠나요.

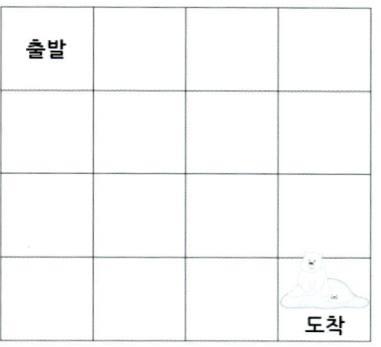

〈드론 조종사용 모험 지도〉

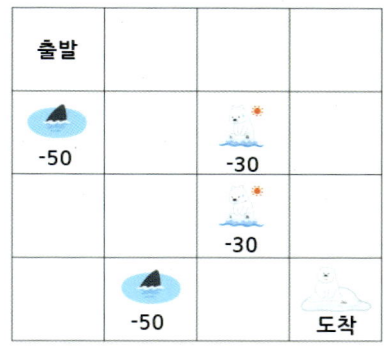

〈길잡이용 장애물 위치 표시 지도〉

② 모둠별로 한 사람씩 돌아가며 북극으로 가는 길을 선택합니다. 이때 드론이 장애물을 밟으면 길잡이가 모둠원들에게 알려줍니다.

진희	미선	영선
+500	+500	+500
-10	-10	-10
-10	-10	-50 ◀ 장애물
-30	-10	-30
-30	-50	-50
-10	-50	-50

③ 드론 조종사들은 점수를 기록하며 이동하고 목적지에서 정산합니다. 이어서 다음 운전자는 앞사람의 기록을 참고해 길을 찾아갑니다.

④ 모둠 모두가 활동에 참여했다면 가장 점수가 높은 길을 골라 길잡이에게 제출합니다.

⑤ 가장 높은 점수를 얻은 모둠이 승리합니다.

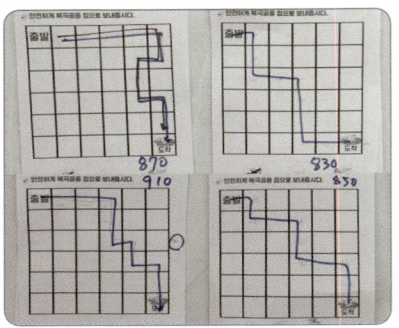

- 연습 게임을 진행해 길 찾기 놀이의 진행 방법과 역할별 할 일을 체험하도록 합니다.
- 강화 학습 수업은 게임 활동이 핵심입니다. 게임 방법을 이해할 수 있도록 집중시키고 언제든 확인할 수 있게 칠판, TV 화면에 게시해 주세요.
- 조종사용 지도에 점수를 바로 기록하며 강화 학습이 일어나는 것을 확인해요.
- 게임을 즐기는 것에 초점을 맞추면 강화 학습의 내용을 놓칠 수 있어요. 꼭 수업 정리 단계에서 핵심 내용을 활동지로 정리하도록 지도해 주세요.
- 길잡이는 표정, 소리, 몸짓으로 장애물 위치에 대한 힌트를 주면 안 된다는 점을 안내해요.
- 드론 조종사용 지도는 모둠당 10장 정도씩 인쇄해 주세요. 지도를 반복해 그리면서 강화 학습의 데이터를 충분히 쌓을 수 있어요.

수업 설계안

북극곰 길 찾기는 범고래, 좁은 빙하 같은 장애물을 피해 목적지까지 가는 길을 탐색하면서 자연스레 강화 학습에 대해 배우게 되는 활동입니다. 첫 시도에서는 장애물의 위치를 파악할 수 없기 때문에 무작위로 길을 선택하는데요. 앞선 조종사가 장애물을 밟아 감점당하는 모습을 보며 다음 순서의 학생은 지나가면 안 되는 길을 학습합니다. 이 과정을 반복하며 학생들은 점수 손실을 최소화해 목적지에 도착하는 방법을 터득하게 됩니다.

수업 흐름은 어떻게 구성하나요?

강화 학습은 체스, 바둑 등 여러 게임에 응용되고 있습니다. 수업에서도 게임 활동을 중심으로 체험하면 인공지능 학습 원리를 쉽게 가르칠 수 있습니다. 활동을 시작하기 전에 집을 잃어버린 북극곰의 이야기를 스토리텔링 형식으로 제시하거나 실생활에서 강화 학습이 활용되고 있는 예시를 동영상으로 보여주면 수업의 효과를 높일 수 있습니다.

학생들이 인공지능의 학습 원리를 익힐 수 있도록 게임 규칙을 충분히 설명한 후 활동을 시작해 주세요. 3단계쯤부터는 반복되는 게임 과정을 지루하게 느끼는 학생들이 생길 수 있습니다. 이럴 땐 학생들의 부정적인 반응은 일부러 내버려 두시고 수업의 진행 속도만 높여 주세요. 대신 수업을 마무리할 때 여러 번 같은 내용을 반복하니 어떤 느낌이 들었는지, 수십만 번 반복해야 하는 강화 학습을 인공지능이 대신해 주면 어떤 점이 좋을지 등의 질문을 던져 주세요. 학생들은 자신이 느꼈던 불편함을 되짚어보고 인공지능의 필요성에 대해 생각해 보게 된답니다.

자주 묻는 질문

Q. 선생님, 왜 안전 칸에서도 10점이 감점되나요?
A. 최단 경로를 찾도록 학습시키기 위함입니다. 안전 칸이 0점이면 인공지능은 어떻게 행동할까요? 굳이 빠르게 갈 이유가 없어 여러 안전 칸을 빙빙 돌아 목적지에 도착할 거예요. 반대로 안전 칸에 도착했을 때 100점을 획득한다면 어떨까요? 점수를 더 많이 얻기 위해 일부러 목적지로 향하지 않고 안전 칸에서만 움직일 거예요. 이렇듯 강화 학습은 목적에 맞춰 점수를 배정하는 것이 매우 중요합니다.

Q. 시작할 때와 도착할 때 +500점이 되는 이유는 무엇인가요?
A. 출발지와 도착지가 +10점이라면 이동 도중에 총 점수가 마이너스 아래로 떨어질 거예요. -10점인 안전 칸을 거치고 나서도 목표에 도달했을 때 점수의 총합이 0보다 크게 만들기 위해 도착 지점의 보상을 +500점으로 설정해 둔 것입니다.

Q. 첫 시도보다 두 번째, 세 번째 시도에서 점수가 더 낮게 나올 땐 어떻게 해야 하나요?
A. 놀이를 진행하다 보면 어떤 모둠은 첫 번째보다 그다음 단계에서 더 많은 점수를 잃기도 합니다. 이럴 때 학생들은 강화 학습이 제대로 이루어지지 않고 있다고 생각할 수 있어요. 선생님은 어떻게 가르쳐 주어야 할까요? 인공지능이 강화 학습을 할 때 수십만 번 같은 행동을 반복한다는 것을 알려주는 거예요. 아직 조금밖에 학습하지 않은 탓에 개별 모둠의 점수는 낮아지는 듯 보이지만 반 전체의 경향성을 보면 점수가 높아지는 것을 확인할 수 있습니다.

어떤 효과가 있나요?

강화 학습의 핵심 개념인 보상과 행동 강화에 대해 배우게 됩니다. 앞의 차시에서 배운 지도 학습과 비지도 학습에 비해서 강화 학습은 인공지능의 학습 과정을 한 번에 이해하기 어렵습니다. 길 찾기 수업에서 이동할 때마다 점수판에 자신의 점수를 표시하도록 지도하는 것은 바로 이 때문인데요. 학생들은 점수판에 적힌 자신의 점수를 이전 회차의 점수와 비교하면서 강화 학습이 이뤄지고 있다는 것을 시각적으로 파악하게 됩니다.

2차시

단계	내용	시간(분)
도입	• 강화 학습 소개 영상 시청하기 • 강화 학습의 뜻과 용어 이해하기	10
전개	• 강화 학습 길 찾기 놀이 방법 익히기 • 길 찾기 놀이에 참여한 후 보상에 따른 강화 학습 확인하기	50
정리	• 길 찾기에 담긴 강화 학습의 원리 분석하기 • 강화 학습 정리하기	20

 # 수업 지도안

학습 목표

길 찾기 놀이를 통해 강화 학습의 개념과 원리를 이해할 수 있습니다.

준비물

도구	주요 활동
활동지, 수업 PPT	길 찾기

교육 과정 연계

교과	성취기준
실과	[6실05-05] 인공지능이 만들어지는 과정을 체험하고 인공지능이 사회에 미치는 영향을 탐색한다.
자율	[06자율-2] 놀이를 통해 알고리즘의 다양한 사례를 체험하는 활동을 수행한다.

 수업 자료
다운로드

2차시 수업 지도안

학습 목표	길 찾기 놀이를 통해 강화 학습의 개념과 원리를 이해할 수 있습니다.		
준비물	수업 PPT, 활동지		
지도상의 유의점	– 스토리텔링을 통해 학생들의 동기를 유발한 후 지도해 주세요. – 인공지능은 수만 번 반복하며 학습 내용을 강화한다고 설명해 주세요.		
학습 단계	교수·학습 활동	시간(분)	활용 자료 및 지도 팁
도입	● 동기 유발: 스토리텔링 　– 스토리텔링(북극곰에게 집으로 가는 길 찾아주기) 하기 ● 학습 목표 제시 　– 길 찾기 놀이를 통해 강화 학습의 개념과 원리 이해하기	5	**TIP** 자세한 스토리텔링 내용은 다운로드 자료에서 확인해 주세요.
전개 1	● 활동 1. 강화 학습의 개념 알기 　– 강화 학습 소개 영상 시청하기 　– 활동지에 강화 학습의 개념 정리하기: 　　• 강화 학습이란, 인공지능이 '행동' 하면 '보상'을 얻으며 '시행착오'를 통해 '보상을 최대화' 하는 학습 방법	10	• 참고 영상: 강화 학습 (출처: 유튜브_소프트웨어야 놀자)
전개 2	● 활동 2. 북극으로 가는 길 찾기 　– 길 찾기 방법 알아보기 　　• 역할 분배하기: 길잡이 1명, 드론 조종사(나머지) 　　• 조종사는 한 사람씩 차례로 북극으로 가는 길을 탐색 　　• 길잡이는 정답 지도를 보며 모둠원이 장애물을 밟는지 확인하고 점수 기록	40	• 준비물: 활동지, 정답 지도(길잡이용), 백지도(조종사용) **TIP** 길잡이를 먼저 선정한 후 다른 모둠원에게 정답 지도가 보이지 않도록 나눠줍니다. **TIP** 조종사 역할은 모둠원이 돌아가며 맡습니다.
전개 3	● 활동 3. 게임 소감 나누기 　– 강화 학습 결과 발표하기 　– 게임 속 강화 학습의 개념 돌아보기 　– 활동지에 용어 정리하기	20	
정리	● 정리하기 　– 강화 학습의 개념 정리하기	5	

수업 PPT

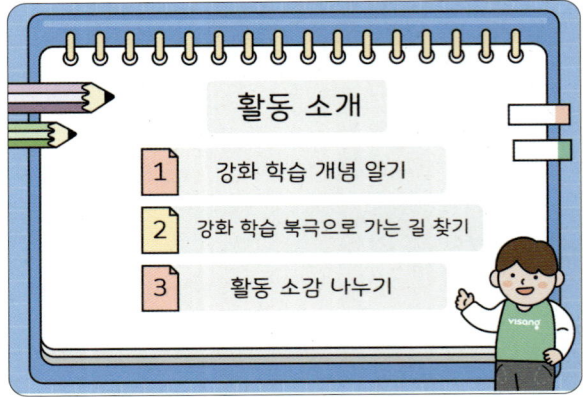

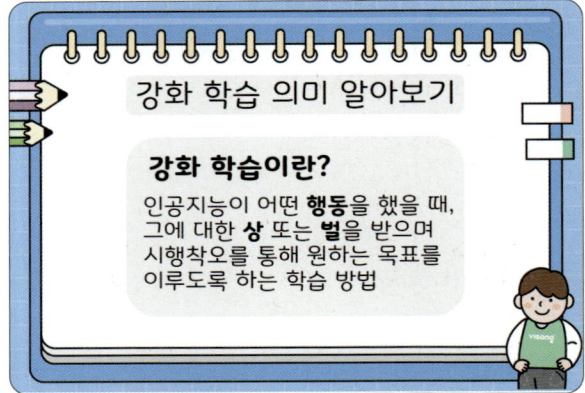

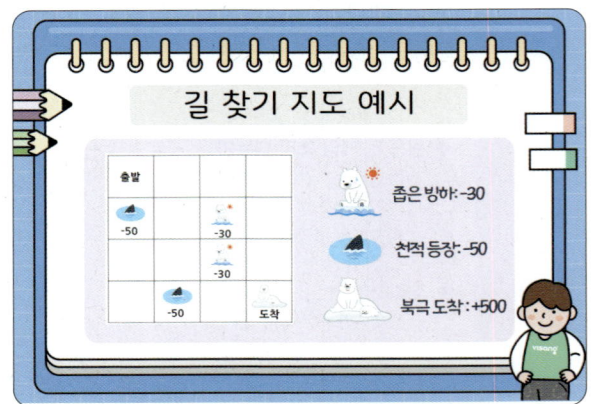

활동지

 학생 활동지

길 찾기 길잡이 지도 1

학년   반   이름

🐤 길잡이가 되어 친구들에게 칸 점수를 알려줍시다.

출발			
-50		-30	
		-30	
	-50		도착

 길잡이 규칙

① 친구가 정확하게 움직인 후에 칸의 점수를 알려줍니다.
② 힌트가 되는 말을 해주면 안됩니다.
③ 친구들에게 길잡이 지도를 보여주면 안돼요.

범고래: -50
(천적 등장)

좁은 빙하: -30
(지구온난화)

목적지: +500
(집 도착)

C.I.A (Class In A.I)

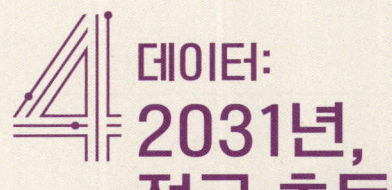
데이터:
2031년, 전국 초등학교의 수는?

- **추천 학년** : 5학년 이상
- **수업 시수** : 3차시 이상
- **연계 교과** : 실과

데이터, 참 많이 들어본 단어죠? 사람들은 왜 입을 모아 데이터가 미래의 자원이라고 강조하는 것일까요? 2031년의 학교 수를 예측하는 활동을 통해 데이터의 중요성과 활용 방안에 대해 알아보겠습니다.

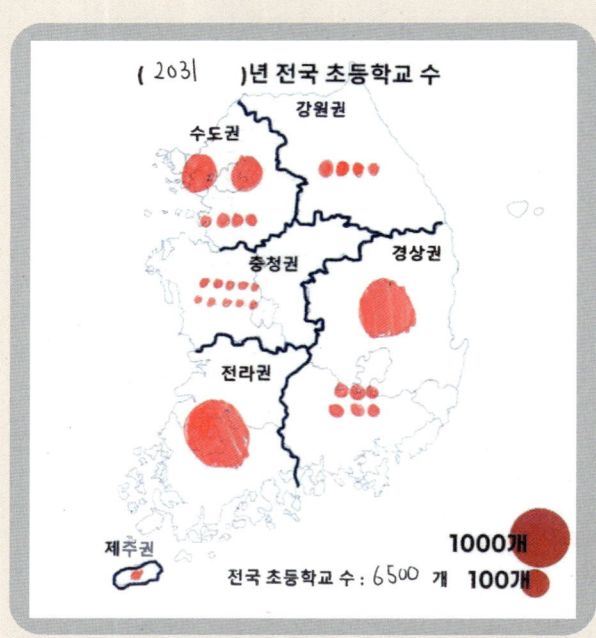

 수업 한 줄 평

인공지능의 기초가 되는 데이터가 얼마나 중요한지 알게 됐어요.

원리 이해하기

데이터란?

데이터, 데이터, 데이터! 우리 생활에서 참 자주 사용하는 단어인데요. 뉴스, 광고할 것 없이 다양한 분야에서 데이터라는 말이 쓰이고 있으며 그 중요성이 나날이 강조되고 있습니다. 그렇다면 데이터란 무엇이고 인공지능 교육에선 왜 데이터에 대해 다뤄야 할까요?

데이터란 '이론을 세우는 데 기초가 되는 사실이나 자료'를 뜻합니다. 쉽게 말해 정보를 가진 자료가 곧 데이터죠. 데이터는 숫자가 가장 많지만 문자(text), 이미지, 음성, 행동 등 여러 형태로 존재할 수 있습니다. 일례로 '둘리'라는 캐릭터를 데이터로 설명해 볼게요. 둘리의 성별은 **남자**고 쥐라기 후기에 **남극**에서 태어났으며 키는 **120cm**, 몸무게는 **27kg**입니다. 몸 색깔은 **초록색**이고 배와 손, 발만 **흰색**이죠. 목소리는 **개구진 남자아이**와 비슷하고 항상 **혀를 약간 깨무는 듯한 행동**을 보입니다. 여기서 굵은 글씨로 표현한 부분은 모두 둘리를 설명하는 데이터입니다. 문자, 숫자, 색깔 등 다양한 형태로 나타나있죠?

그렇다면 사람들은 데이터가 왜 그리 중요하다고 말하는 걸까요? 바로 판단의 근거가 되기 때문입니다. 우리는 어떤 결정을 내릴 때 여러 가지 근거를 바탕으로 생각합니다. 아빠의 생신에 케이크를 준비하는 상황을 상상해 볼게요. 지난번에 사 간 초콜릿맛 케이크는 너무 달아서 부모님이 좋아하지 않으셨어요. 커피 맛은 동생이 싫어하고, 생크림 케이크도 가족 모두가 선호하는 음식은 아니죠. 이와 같은 생각의 흐름은 우리가 의식하지 않더라도 물건을 구매하는 상황에서 자연스레 떠오릅니다. 그럼 이제 우리 가족의 케이크 선호도를 수치화해 볼까요?

선호도	아빠	엄마	나	동생	평균
커피	3	4	3	1	2.75
초콜릿	2	3	5	5	3.75
생크림	3	4	3	3	3.25
고구마	5	4	3	4	4.00
치즈	4	5	5	3	4.25
흑임자	5	5	2	2	3.50

표로 그려보니 가족들이 어떤 케이크를 좋아하는지 한눈에 알 수 있습니다. 치즈 케이크의 평균 선호도가 가장 높으니 치즈 맛을 선택하는 게 좋겠어요! 이번엔 우리 학교의 전교생이 함께 나눠 먹을 케이크 맛을 고른다고 생각해 봅시다. 가족을 대상으로 한 선택보다 훨씬 어려워졌죠? 친구들이 어떤 맛을 좋아하는지, 못 먹는 음식이 있는지 등 구체적인 데이터를 확보한 후 구매해야 모두가 만족하는 선택을 할 수 있어요. 이처럼 많은 사람이 얽혀 있는 문제에 객관적인 판단을 내리려면 데이터를 확보하는 것이 매우 중요합니다.

데이터 수집이란?

데이터에도 좋은 데이터와 나쁜 데이터가 있는데요. 좋고 나쁨의 기준은 무엇일까요? 먼저 양이 많아야 합니다. 분석할 데이터의 양이 충분해야 신뢰할 수 있는 결과를 얻을 수 있습니다. 통계 분석을 할 땐 최소 300개 이상의 데이터가 필요하며 많으면 많을수록 좋습니다.

데이터의 질도 중요합니다. 수집한 데이터를 신뢰할 수 있을지 충분히 생각해 보는 과정이 필요하죠. 학교에서 개인별 심리 분석을 한다고 가정해 보겠습니다. 다른 사람이 괴로워하는 모습을 보며 즐거워한 적이 있는지 묻는 질문이 있는데요. 사실 저는 저를 괴롭힌 친구가 선생님께 혼날 때 좋았던 적이 있어요. 그래도 설문조사에서 그렇다고 답하면 제가 너무 나쁜 아이로 비칠 것 같았어요. 그래서 보기 좋은 답변만 썼죠. 이런 경우 설문조사 결과가 좋게 나온다 한들 믿을 수 있을까요?

좋은 데이터가 마련돼야 좋은 판단을 내릴 수 있으며 나아가 좋은 인공지능 모델을 만들 수 있습니다. 하지만 현실적으로 많은 양의 데이터를 수집하는 게 쉽지 않고, 수집했다고 해도 믿을 수 있는 데이터만을 걸러내는 작업이 쉽지 않습니다. 이와 같은 어려움을 파악한 정부에서 해결책을 만들어 주었습니다. 공공데이터포털, KOSIS 국가통계포털, e-나라지표, 통계청 등 공공 기관 사이트에 양질의 데이터를 모아 놓고 누구나 사용할 수 있도록 공개한 것이죠. 물론 네이버 데이터랩, 카카오 데이터 트렌드, 구글 트렌드 등의 민간 사이트를 이용하는 방법도 있습니다. 수집하는 데이터의 성질과 목적에 맞춰 사이트를 활용하면 됩니다. 가령 10대 남자에게 인기 있는 옷을 선물하고 싶다면 네이버 데이터랩을, 청소년의 연령별 평균 키가 궁금하다면 KOSIS 국가통계포털에 접속해 확인합니다.

데이터 가공이란?

필요한 데이터를 다 모았나요? 아직 끝난 게 아닙니다. 내가 모은 데이터가 전부 필요한 것은 아니기 때문에 **사용 목적에 맞춰 데이터를 정리하는 작업**이 꼭 필요하죠. 10대 남자에게 인기 있는 옷을 골라 선물하려는데 인기 검색 목록에는 비싼 브랜드의 패딩이 올라와 있어요. 이럴 땐 예산에 맞춰 가격대를 설정한 후 너무 비싼 상품은 구매 목록에서 삭제해야 합니다. 이번엔 2020년도 10대 남자의 평균 키를 알아볼까요? KOSIS 국가통계포털에서 확인해 보니 서울, 부산, 인천 등 모든 시도와 광역시가 세세히 나와 있어요. 우리는 전국 10대의 평균 키만 조사하면 되니 지역별 평균값만 구하면 됩니다.

이렇게 데이터를 합치고 분류하고 제거하는 등 수집한 데이터를 목적에 맞춰 정리하는 과정을 데이터 가공이라 부릅니다. 전문 용어로는 데이터 전처리라 하죠. 대체로 데이터 가공은 여러 번, 다양한 형태로 이루어집니다. 그중 가장 유용한 방법은 데이터 시각화입니다. 숫자로 나열된 데이터를 표, 그래프 등 시각화 자료로 정리하면 데이터의 흐름을 한눈에 파악할 수 있어 굉장히 유용합니다. 특히 인공지능 학습에 사용되는 빅데이터는 개별 데이터의 의미보다는 전체적인 흐름을 파악하는 것이 중요하기 때문에 데이터 시각화에 대해 배워둘 필요가 있습니다. 그래프나 지도를 채워보는 활동부터 컴퓨터로 엑셀, 멘티미터 등의 프로그램을 익히는 것까지, 시각화의 방법은 다양하니 담당 학년과 수업 난이도에 맞춰 활용해 보세요.

데이터 분석이란?

이제 사람만이 할 수 있는 고유의 영역인 데이터 분석에 대해 알아보겠습니다. 사실 앞서 배운 데이터 수집과 가공은 컴퓨터가 사람보다 효율적으로 처리할 수 있습니다. 하지만 그렇게 만들어진 데이터를 분석하고 그 안에 담긴 의미를 읽어내는 것은 사람이 더 잘 할 수 있는 일입니다. 데이터 분석이란 **가공된 데이터에서 특정한 규칙이나 흐름을 파악하는 일**을 말합니다. 아직 데이터 분석이라는 말이 어렵게 느껴지시나요? 몇 가지 키워드를 가지고 연습해 보겠습니다.

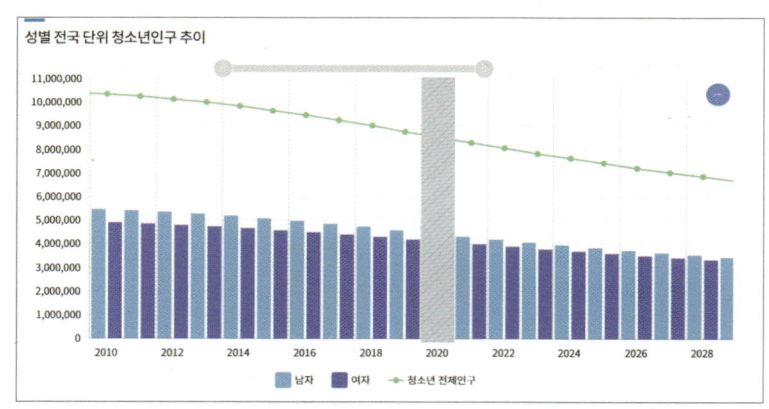

한국청소년정책연구원에서 제공하는 전국 청소년 인구 추이 그래프입니다. 2020년을 가려 두었는데요. 남학생과 여학생은 각각 몇 명일까요? 600만 명 이상 또는 300만 명 이하라고 답하신 분은 한 명도 없을 거예요. 대체로 400만 명에서 500만 명 사이의 답을 말했을 것 같습니다. 연도별 인구의 평균이 해당 구간 안에 포함되기 때문에 평균값보다 지나치게 높거나 낮은 답을 예측하진 않기 때문입니다.

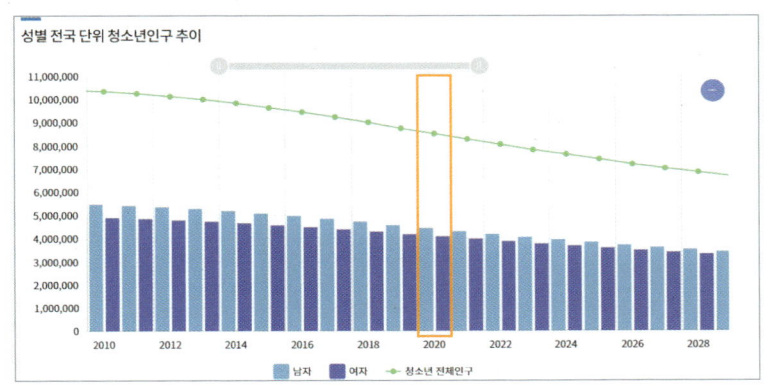

정답은 남자 440만 명, 여자 410만 명입니다.

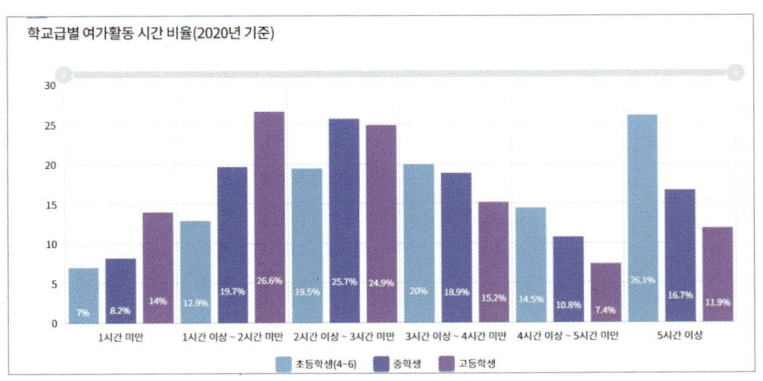

이번에는 초·중·고교생별 여가 활동 시간의 비율을 살펴보겠습니다. 이 그래프를 보고 무엇을 알 수 있나요? 초등학생 고학년은 하루 5시간 이상 여가 시간을 갖는 경우가 가장 많은 반면 고등학생은 1시간 이상~2시간 미만의 짧은 여가 시간을 보내고 있습니다. 이렇듯 데이터 시각화는 전체적인 경향과 흐름, 두드러지는 특징 등을 한눈에 파악하기 좋습니다.

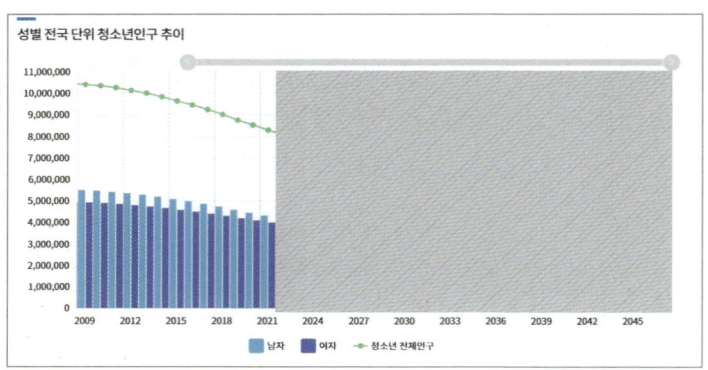

데이터 분석에 대해 배웠으니 이제 예측으로 넘어가겠습니다. 그래프를 보고 2022년 이후 국내 청소년 인구 추이를 그려 볼까요? 대부분 오른쪽 아래로 내려가는 그래프를 예상했을 겁니다. 2009년부터 청소년 인구는 지속적으로 우하향하는 경향을 보였기 때문에 특별한 변화가 없다면 지금의 상태가 지속된다고 보는 것이 합리적이죠.

데이터 분석의 매력은 사람마다 읽어내는 결과가 제각각이라는 점입니다. 누군가는 전체적인 데이터의 흐름에 집중하는 한편 다른 누군가는 데이터 안에 담긴 심층적인 의미를 해석할 수도 있습니다. 같은 데이터로 다른 사람들과 생각을 나눠 보며 내가 미처 놓친 부분은 없는지 짚어 보는 것도 좋은 배움의 시간이 될 거예요.

도착 시간을 예측하는 내비게이션, 그 안에 숨겨진 데이터의 힘

내비게이션에 목적지를 검색하면 이동 방법별로 도착 시간을 예측해 줍니다. 서울에서 부산까지 차로 이동한다면 최단 거리는 410km, 시간은 5시간 6분이 걸린다는 식으로 말이죠. 인공지능이 5시간 후를 미리 살아본 것도 아닌데 어떻게 5시간 후의 도로 상황을 예측할 수 있는 걸까요? 비밀은 실시간 데이터에 숨겨져 있습니다. 내비게이션은 도로별 주행 소요 시간, 신호 대기 시간 등의 데이터를 바탕으로 도착 시간을 예상하는데요. 이때 시시각각 바뀌는 도로별 주행 소요 시간은 내비게이션 사용자들이 제공하는 위치 정보에서 가져옵니다. 사용자들의 데이터를 인공지능이 학습한 후 신호 상황, 톨게이트 정보, 날씨 등을 종합적으로 고려해 해당 시점에 맞는 값을 추출하는 것이죠.

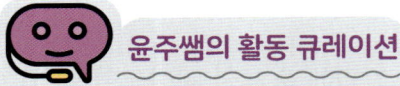 **윤주쌤의 활동 큐레이션**

 • 소요 시간 •

 • 난이도 •

2031년, 전국 초등학교의 수는?

여러분, 뉴스에서 '저출산으로 인해 학령 인구가 감소하고 있다'는 이야기를 들어본 적 있나요? 인구가 줄어들면서 학생의 수도 함께 감소한다는 뜻인데요. 그럼 학교의 수는 어떨까요? KOSIS 국가통계포털 데이터를 활용해 앞으로의 초등학교 수 변화에 대해 과학적으로 답변해 보겠습니다.

활동 과정

① 데이터 수집

KOSIS에 접속해 '국내 통계 → 주제별 통계 → 교육·훈련 → 교육 기본통계 → 상반기 → 초등학교 개황'을 클릭합니다.

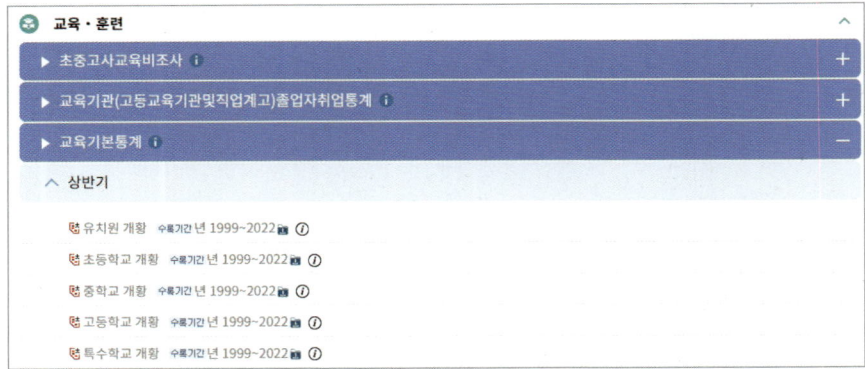

1999년부터 작년까지 초등학교에 대한 기본 통계가 집계된 것을 확인할 수 있습니다. 이 표의 숫자 하나하나가 데이터라고 생각하시면 됩니다. 화면을 꽉 채운 숫자에 어리벙벙해 있을 학생들에게 '현재 전국의 초등학교 수는?', '인천의 초등학생 수는?', '전국에서 초등학교가 제일 많은 곳은?' 등의 질문을 던져 보세요. 넘쳐나는 데이터 속에서 어떤 항목이 필요할지 생각해 보는 시작이 될 것입니다.

② 데이터 가공

전국 초등학교 수 변화에 대해 알아보는 중이므로 학급 수, 학생 수, 교원 수 등의 정보는 삭제해야 합니다. KOSIS '초등학교 개황' 데이터 페이지에서 오른쪽 상단의 '조회 설정' 버튼을 클릭해 보세요.

조회 조건이 노출되면 학교 수를 제외한 다른 정보들을 지웁니다. 먼저 '설립 주체별'에 들어가 국/공/사립 구분 없이 '계'만 보이도록 설정합니다. 그다음 '학교 현황별'을 눌러 '학교 수'를 제외한 체크 표시를 모두 해제합니다. 마지막으로 '시점'으로 이동해 전체 선택을 해제하고 원하는 연도를 간격에 맞춰 선택합니다. 이번 수업에서는 5년 간격의 학교 수 변화를 살펴볼 예정이므로 2001, 2006, 2011, 2016, 2021을 선택합니다.

- 학교 현황별 메뉴를 클릭할 때 우측 상단의 '전체 해제' 버튼을 클릭한 후 '학교 수' 메뉴에 들어가 조회해야 합니다. 그냥 학교 수만 보이도록 설정하면 시스템에 오류가 뜹니다.
- 설립주체별 메뉴를 클릭할 때 '계'는 보이도록 해주세요.
- 모둠 수에 맞게 연도 간격을 조정할 수 있습니다. 가령 6개 모둠이라면 4년 간격으로 2001, 2005, 2009, 2013, 2017, 2021처럼 제시할 수 있습니다. 이때 연도별 변화를 확인하기 쉽게 적어도 3개년 이상의 데이터를 확보하는 것이 좋습니다.

시도별(1)	설립주체별(1)	2001 학교수 (개)	2006 학교수 (개)	2011 학교수 (개)	2016 학교수 (개)	2021 학교수 (개)
총계	계	5,322	5,733	5,882	6,001	6,157
서울	계	536	568	591	601	607
부산	계	269	292	297	308	304
대구	계	184	204	216	225	232
인천	계	180	210	232	247	258
광주	계	115	134	147	153	155
대전	계	113	129	141	146	148
울산	계	86	108	119	117	121
세종	계	-	-	-	37	51
경기	계	864	1,050	1,159	1,227	1,317
강원	계	365	365	353	351	348
충북	계	246	253	260	260	259
충남	계	433	440	430	405	412
전북	계	419	423	414	416	420
전남	계	457	456	429	427	430
경북	계	495	503	491	469	473
경남	계	455	493	495	500	509
제주	계	105	105	108	112	113

설정을 마치면 위와 같은 표가 나옵니다. 이와 같이 수집한 데이터를 목적에 맞게 정리하는 것을 데이터 가공이라 합니다. 방금 우리가 체험한 속성을 골라내는 작업 외에 범례를 그룹화하거나 불필요한 데이터를 삭제하는 방법 등도 데이터 가공에 해당하는데요. 필요에 따라 여러 번, 다양한 형태로 가공해 사용할 수 있습니다.

표를 다시 한번 살펴볼까요? 가공 전의 데이터보단 훨씬 깔끔하게 정리됐지만 분류가 지나치게 자세하다는 느낌이 들어요. 시, 도 대신 경기도, 강원도 등 권역별로 가공해 데이터를 한눈에 파악할 수 있도록 만들어 보겠습니다. 활동지에 시도별 학교 수를 권역으로 묶은 후 더해 봅시다. 이 가공 활동은 20~30분 정도 소요되니 압축적으로 수업을 진행하고 싶은 선생님께서는 처음부터 권역별 자료를 활용해 주세요.

〈권역별 시, 도 정리표〉

권역	시, 도
수도권	서울, 인천, 경기
강원권	강원
충청권	대전, 세종, 충북, 충남
전라권	광주, 전북, 전남
경상권	대구, 울산, 부산, 경북, 경남
제주권	제주

〈권역별 학교 수 추이〉

시도별	2001	2006	2011	2016	2021
총계	5,322	5,733	5,882	6,001	6,157
수도권	1,580	1,828	1,982	2,075	2,182
강원권	365	365	353	351	348
충청권	792	822	831	848	870
전라권	991	1,013	990	996	1,005
경상권	1,489	1,600	1,618	1,619	1,639
제주권	105	105	108	112	113

두 번째 데이터 가공을 완료한 표입니다. 이전보다 훨씬 정돈돼 보기 편하죠? 조금 더 깔끔해 보이도록 표 안의 숫자를 100 단위로 반올림해 보겠습니다.

〈반올림해 정리한 권역별 학교 수 추이〉

시도별	2001	2006	2011	2016	2021
총계	5,300	5,700	5,900	6,000	6,200
수도권	1,600	1,800	2,000	2,100	2,200
강원권	400	400	400	400	300
충청권	800	800	800	800	900
전라권	1,000	1,000	1,000	1,000	1,000
경상권	1,500	1,600	1,600	1,600	1,600
제주권	100	100	100	100	100

자, 어떤가요? 처음 자료보다 각 항목의 값이 눈에 더 잘 들어오죠? 이처럼 데이터 가공은 수집된 데이터를 사용하기 전에 꼭 거쳐야 하는 작업인데요. 실제 수업에서는 가공 작업의 시간이 오래 걸려 부담이 될 수 있습니다. 그럴 땐 학생의 눈높이에 맞춰 가공 작업은 축소하고 대신 데이터 가공의 필요성과 과정 설명, 결과의 변화만 보여주셔도 좋습니다. 단, 데이터 가공 작업 후 이어질 시각화 활동은 꼭 진행해 주세요.

③ 데이터 시각화

이제부터는 데이터 가공의 꽃인 시각화에 대해 배워보겠습니다. 각 연도의 초등학교 수를 지도 그래프로 나타내 볼 것입니다. 1,000은 큰 동그라미로, 100은 작은 동그라미로 표현해 보세요. 지도 그래프 그리기 활동은 모둠 활동으로 진행합니다. 학생들이 모둠 내에서 2001, 2006 등 각 연도를 맡아 흐름이 보일 수 있게 지도를 완성해 보세요. 그래프로 정리된 학교 수 변화 추이를 확인한 학생들은 직관적으로 데이터 시각화의 장점을 깨닫게 됩니다.

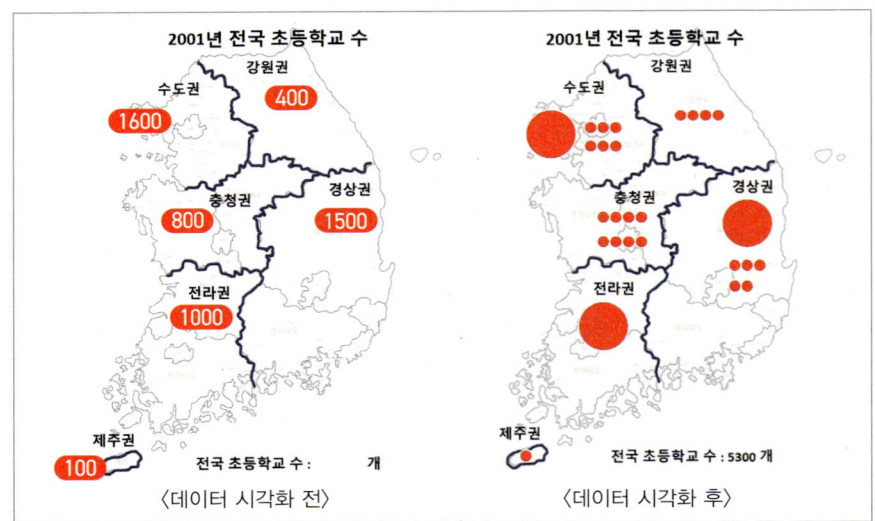

마지막으로 데이터의 규칙과 흐름을 파악하는 데이터 분석에 대해 알아보겠습니다. 전국 초등학교의 수 변화 추이를 보고 우리는 어떤 점을 알 수 있을까요? 막상 이런 질문을 받으면 어떻게 대답해야 할지 감이 오지 않을 수 있습니다. 가장 많이, 가장 적게, 가장 최근에, 전체적으로, 경향, 변화 등의 단어를 제시해 학생들이 데이터를 보고 특징을 찾도록 유도해 주세요.

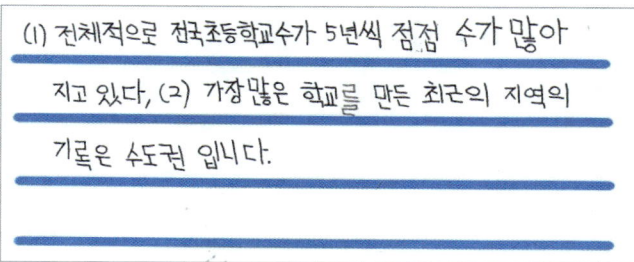

이어서 분석 결과를 모둠 친구들과 나누는 시간을 갖습니다. 분석한 결과가 아예 다르다면 서로의 차이를 보고 깨우치는 경험을 할 수 있습니다. 또한 자연스럽게 데이터 분석과 예측은 데이터를 바라보는 사람에 따라 달라진다는 점을 깨닫게 됩니다.

분석 결과를 바탕으로 2031년의 전국 초등학교 수를 예측해 보겠습니다. 통계 자료에 따르면 2021년 전국 초등학교의 수는 6,200개교였는데요. 5,300개교였던 2001년 이후 20년간 꾸준히 증가해 왔기 때문에 학생들은 대체로 10년 후인 2031년의 학교 수도 늘어날 것으로 내다봤습니다. 특히 상승세를 이어온 수도권에서 학교가 더 많이 생길 것이라 예측했습니다.

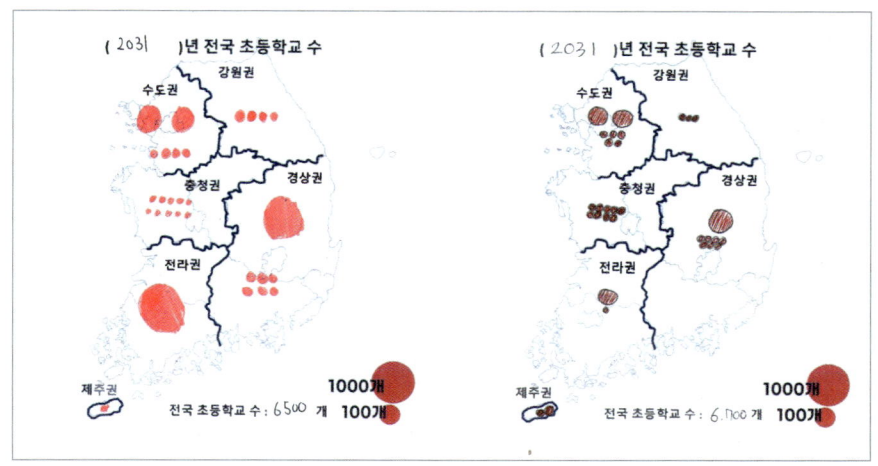

원리가 술술 풀리는 AI 수업

수업 설계안

본 수업은 KOSIS 국가통계포털(kosis.kr)에서 집계된 데이터를 이용합니다. 데이터 수업을 처음 시도하는 선생님이라면 계량화하기 편한 숫자 데이터로 시작해 보세요. '우리 학교의 평균적인 급식 맛은 몇 점일까?'처럼 실생활 경험 데이터가 학생의 흥미를 끌기는 좋지만 데이터를 수치화하고 가공하기 어려워 첫 수업으로는 추천하지 않습니다.

수업 흐름은 어떻게 구성하나요?

첫 번째 차시는 학생들과 데이터라는 말을 들어본 경험을 나누며 시작합니다. 대체로 정확한 뜻은 모르지만 어디선가 들어봤다는 반응이 나옵니다. 간혹 '휴대폰 데이터'를 외치는 아이들이 있는데요. 통신에서 사용되는 데이터와 컴퓨터과학의 데이터는 다른 용어이니 오개념이 생기지 않도록 주의합니다. 이후 데이터의 개념과 중요성을 차근차근 설명하며 수업을 전개합니다. 빅데이터를 언급하며 '데이터는 무조건 많아야 좋을까?'라는 식의 질문을 던져보는 것도 좋습니다. 좋은 데이터의 조건 부분에서는 데이터의 좋고 나쁨을 결정하는 기준이 '판단의 근거가 될 만큼 신뢰할 수 있는지'를 강조해 주세요. 그리고 자연스럽게 양질의 데이터가 모인 플랫폼을 소개합니다. KOSIS나 구글 트렌드 등에는 학생들이 흥미로워할 데이터가 많으니 수업을 2차시로 구성해 각 플랫폼을 충분히 탐색할 시간을 제공해 보세요. 짜장 대 짬뽕 같은 오래된 논쟁거리부터 축구 선수나 아이돌 가수를 키워드로 활용해 데이터에 대한 관심도를 비교하는 활동도 해볼 수 있습니다.

지난 수업에서 수집한 데이터를 어떻게 활용하면 좋을지 질문을 던지며 두 번째 차시를 열어 보세요. 명쾌한 대답을 할 수 있는 친구는 드뭅니다. 요리를 하기 전 식재료를 손질하는 과정이 필요하듯 데이터 역시 사용하는 목적에 맞춰 다듬어야 한다는 사실을 알려 주세요. 데이터에는 여러 가지 속성이 있기 때문에 같은 데이터도 바라보는 시각에 따라 다르게 활용할 수 있습니다. 학생들에게 데이터를 이용하는 목적에 대해 설명한 후 여러 속성 중 꼭 필요한 내용만 활용하도록 안내해 주세요.

마지막 수업은 데이터 분석의 필요성을 질문하며 시작합니다. 이전 수업에서 우리는 데이터를 보기 좋게 가공하며 그 안에 숨겨진 규칙과 흐름을 알게 되었는데요. 연도별 초등학교의 수를 지도 그래프로 표현하는 활동으로 연결해 분석과 시각화의 필요성을 깨닫도록 지도합니다. 이후 2031년의 학교 수를 예측하고 모둠 친구들과 의견을 공유하며 자신이 놓친 부분은 없는지 확인합니다. 마지막으로 실생활에서 데이터 분석과 예측이 활용되고 있는 사례를 제시해 주세요. 수업 후 자투리 시간을 활용해 성별 반전 필터 등을 체험할 수 있는 '스냅챗' 앱을 사용해 보는 것도 좋습니다.

어떤 효과가 있나요?

데이터 프로젝트 학습을 통해 학생들은 데이터 수집부터 가공, 분석의 각 과정을 체험하게 됩니다. 처음에는 숫자, 문자를 나열해 놓은 듯 아무 의미가 없어 보이는 데이터였지만 가공과 시각화의 과정을 거치며 그 안에 담긴 의미를 깨달을 수 있습니다. 말로만 듣던 데이터가 이토록 유용하고 값진 자원이라는 것을 알게 되죠. 더 나아가 인공지능 시대에 데이터를 어떻게 활용하면 좋을지, 우리의 미래에 어떤 도움을 주는지에 대해서도 생각해 볼 수 있습니다.

1차시 데이터 수집

단계	내용	시간(분)
도입	• 데이터와 관련된 경험 떠올리기	5
전개	• 데이터의 정의와 가치 이해하기 • 좋은 데이터의 조건 알아보기 • 데이터 수집처 탐색하기 • KOSIS 활용해 목적에 맞는 데이터 수집하기	30
정리	• 데이터 수집에 대해 정리하기	5

2차시 데이터 가공

단계	내용	시간(분)
도입	• 데이터 가공의 필요성 알기	5
전개	• 데이터의 핵심 속성 이해하기 • 데이터 가공 실습하기 • 지도 그래프 만들기	30
정리	• 데이터 가공에 대해 정리하기	5

3차시 데이터 분석

단계	내용	시간(분)
도입	• 데이터 분석의 필요성 알기	5
전개	• 데이터 분석 알아보기 • 데이터 분석 실습하기 • 데이터 분석한 결과 나누기 • 2031년 전국의 초등학교 수 예측하기 • 데이터 예측한 결과 나누기 • 데이터 분석과 예측이 사용되는 실생활 예시 찾기	30
정리	• 프로젝트 학습 정리하기	5

 # 수업 지도안

학습 목표

- 1~2차시: 데이터의 중요성을 이해하고 실생활 데이터를 수집할 수 있습니다.
- 3~4차시: 데이터 가공의 필요성을 이해하고 시각화할 수 있습니다.
- 5차시: 데이터를 분석하고 미래 데이터를 예측할 수 있습니다.

준비물

도구	주요 활동
태블릿 PC 또는 컴퓨터	KOSIS 국가통계포털의 데이터 가공 실습

교육 과정 연계

교과	성취기준
실과	[6실04-02] 생활 속 디지털 기술의 중요성을 이해하고, 디지털 기기와 디지털 콘텐츠 저작 도구를 사용하여 발표 자료를 만들어 보면서 디지털 기기의 활용 능력을 기른다.

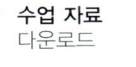
수업 자료
다운로드

1차시 수업 지도안

학습 목표	데이터의 중요성을 이해하고 실생활 데이터를 수집할 수 있습니다.
준비물	태블릿 PC 또는 컴퓨터
지도상의 유의점	– 데이터의 질을 다룰 때 신뢰성, 타당성, 모수 등 지나치게 학술적인 용어를 사용하는 것은 지양합니다. – 1차시로 구성됐지만 구글 트렌드, KOSIS 국가통계포털을 여유 있게 살펴보고 싶다면 2차시로 활용해 보세요.

학습 단계	교수·학습 활동	시간(분)	활용 자료 및 지도 팁

도입	● 동기 유발
	  – 데이터와 관련된 경험 떠올리기
	● 학습 목표 제시
	  – 데이터의 중요성을 이해하고 실생활 데이터를 수집하기
		5	

전개 1	● 활동 1. 데이터는 무엇일까요?
	  – 데이터의 정의 이해하기
	   • 데이터 = 정보를 가진 자료
	  – 데이터의 가치 이해하기
	   • 데이터는 판단의 근거가 되기에 유용
		10	

전개 2	● 활동 2. 데이터는 어떻게 모을까요?
	  – 좋은 데이터의 조건 알아보기
	   • 데이터의 양: 데이터의 수가 충분한가요?
	   • 데이터의 질: 데이터를 신뢰할 수 있나요?
	  – 데이터 수집처 탐색하기
	   • 공공데이터포털, KOSIS 국가통계포털, 네이버 데이터랩, 구글 트렌드 등
		8	

전개 3	● 활동 3. 데이터를 수집해 봅시다
	  – KOSIS를 사용해 관심 있는 주제를 다룬 데이터 검색해 보기
	  – 전국 초등학교 수의 변화와 관련된 데이터 수집하기
		12	

정리	● 정리하기 – 데이터 수집의 개념 정리하기 ● 다음 차시 예고	5	

🐝 2차시 수업 지도안

학습 목표	데이터 가공의 필요성을 이해하고 시각화할 수 있습니다.		
준비물	태블릿 PC 또는 컴퓨터, 활동지, 원 모양 스티커(대, 중 크기), 사인펜, 계산기		
지도상의 유의점	– 활동지 지도의 각 권역에 어느 시, 도가 속하는지 써 주세요. – 권역별 학교 수를 구하는 과정에서 계산기를 활용합니다.		
학습 단계	교수·학습 활동	시간 (분)	활용 자료 및 지도 팁

도입	● 동기 유발
	  – 데이터 가공의 필요성 알기
	● 학습 목표 제시
	  – 데이터 가공의 필요성을 이해하고 시각화하기
		5	

전개 1	● 활동 1. 데이터 가공하기
	  – 데이터의 핵심 속성 이해하기
	  – 데이터 가공 실습(1): KOSIS 조회 설정 변경해 보기
	  – 데이터 가공 실습(2): 권역별 데이터 합치기
	  – 데이터 가공 실습(3): 표 안의 숫자 반올림하기
		20	• 준비물: PC, 활동지, 계산기
			TIP
			데이터 가공 실습에 시간이 많이 걸려 2차시 구성을 추천합니다. 1차시에 압축적으로 진행하고 싶다면 데이터 가공 실습의 중간 과정을 축소해 진행해 주세요.

전개 2	● 활동 2. 데이터 시각화하기
	  – 지도 그래프 만들기
	  • 연도별로 지도를 완성해 데이터의 흐름 파악하기
		10	**TIP**
			지도 그래프 그리기 활동은 모둠 활동으로 진행합니다. 학생들이 모둠 내에서 2001, 2006 등 각 연도를 맡아 흐름이 보일 수 있게 지도를 완성하여 보세요.

정리	● 정리하기
	  – 데이터 가공의 필요성 알기
	  – 데이터 시각화의 필요성 알기
	● 다음 차시 예고
	  – 데이터 분석이란 무엇일까요?
		5	

3차시 수업 지도안

학습 목표	데이터를 분석하고 미래 데이터를 예측할 수 있습니다.		
준비물	태블릿 PC 또는 컴퓨터, 활동지		
지도상의 유의점	데이터 분석과 예측 결과는 사람마다 달라질 수 있음을 안내합니다.		
학습 단계	교수·학습 활동	시간(분)	활용 자료 및 지도 팁

도입	● 동기 유발
	  – 데이터 분석의 필요성 알기
	● 학습 목표 제시
	  – 데이터를 분석하고 미래 데이터 예측하기
		5	

전개 1	● 활동 1. 데이터 분석하기
	  – 데이터 분석이란?
	    • 데이터를 통해 규칙이나 흐름 파악하기
	  – 데이터 분석 실습하기
	    • 보기 안의 단어를 사용해 데이터의 두드러지는 점 파악하기
	  – 데이터 분석 결과 나누기
		10	**TIP** 데이터 분석은 인공지능보다 사람이 더 잘 할 수 있는 부분임을 지도합니다.

전개 2	● 활동 2. 데이터 예측하기
	  – 2031년의 전국 초등학교 수 예측하기
	  – 데이터 예측 결과 나누기
		10	**TIP** 터무니없는 예측 결과가 나오지 않고 데이터에 기반해 사고할 수 있도록 지도해 주세요.

전개 3	● 활동 3. 실생활 예시 찾기
	  – 데이터 분석의 다양한 쓰임 알아보기
	    • 길 안내 내비게이션, 미래의 얼굴 예측 등 데이터 분석과 예측 기능이 적용된 앱 체험하기
		10	

정리	● 프로젝트 학습 정리하기
	  – 데이터의 가치에 대해 느낀 점 공유하기
	  – 인공지능에 데이터가 중요한 이유 발표하기
		5	

수업 PPT

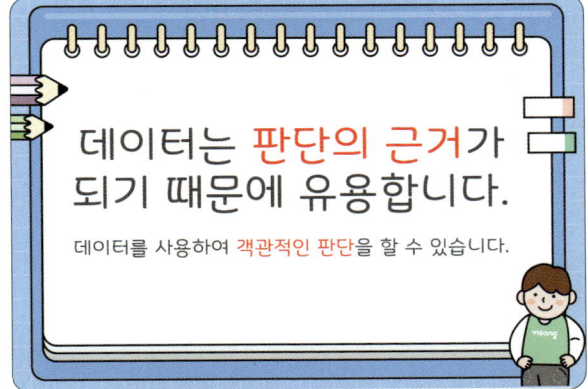

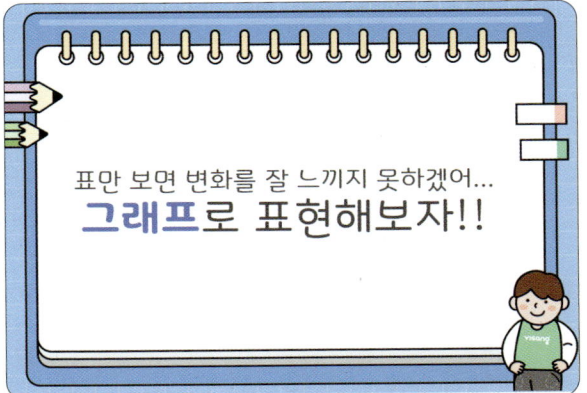

 **활동지**

학생 활동지
데이터를 가공해 봅시다.

학년   반   이름

 빈칸을 채워 보세요.

┌───┐
│ 데이터 가공이란, (   ) 입니다. │
└───┘

 데이터 가공 1: 표의 조회 조건을 설정해 봅시다.
시도별, 각 연도의 학교 수만 보이도록 설정해 주세요.

· 연도: 2001, 2006, 2011, 2016, 2021

 데이터 가공 2: 권역별로 초등학교의 수를 더해 봅시다.

권역	시도
수도권	서울, 인천, 경기도
강원권	강원도
충청권	대전, 세종, 충청북도, 충청남도
전라권	광주, 전라북도, 전라남도
경상권	대구, 울산, 부산, 경상북도, 경상남도
제주권	제주도

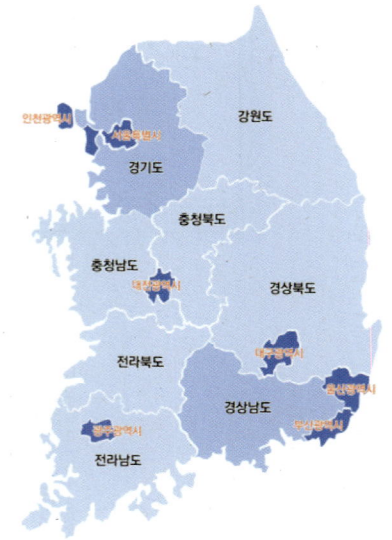

C.I.A (Class In A.I)

활동지

학생 활동지
데이터를 분석해 봅시다.

학년   반   이름

🐥 **데이터 분석 2:** 2031년의 전국 초등학교 개수를 예측해 봅시다.

(   )년 전국 초등학교 수

- 강원권
- 수도권
- 충청권
- 경상권
- 전라권
- 제주권

● 1000개
● 100개

전국 초등학교 수: 개

C.I.A (Class In A.I)

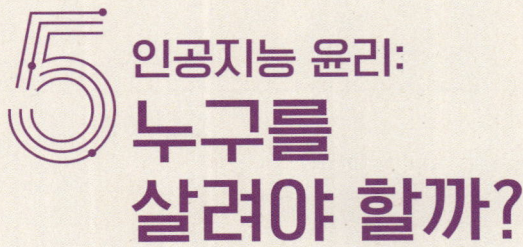

5 인공지능 윤리: 누구를 살려야 할까?

- 추천 학년 : 4~6학년
- 수업 시수 : 1차시
- 연계 교과 : 도덕, 국어

여러분은 자율 주행 자동차의 윤리적 문제에 대해 생각해 본 적 있나요? 만약 자율 주행 자동차의 브레이크가 갑자기 고장 나서 사고가 났다면 누구의 책임일까요? 오늘 수업이 끝나면 다양한 딜레마 상황에서 어떤 윤리적 선택을 해야 할지 깨닫게 될 거예요!

 **수업 한 줄 평**

자율 주행 자동차의 윤리적 문제에 대해 내 생각을 말할 수 있어요.

원리 이해하기

인공지능 윤리란?

다이너마이트는 원래 공사 현장에서 벌어지는 불의의 사고를 막기 위한 발명품이었습니다. 노벨이 다이너마이트를 개발할 당시, 폭약은 액체 형태가 많았는데요. 외부 자극에 민감한 탓에 운반 과정에 폭발이 일어나 인부들이 죽는 사고가 자주 일어났습니다. 이를 안타깝게 여긴 노벨은 발화 장치에 불을 붙여야만 폭발하는 다이너마이트를 발명했고 광산, 공사장 등에서 일하는 노동자들의 희생을 줄일 수 있었습니다. 하지만 전쟁이 일어나자 다이너마이트는 처음 의도와 달리 대량 살상 무기로 사용되기 시작했습니다. 사람을 살리기 위해 만들어진 발명품이 사용자의 잘못된 선택으로 수많은 사람의 목숨을 빼앗는 도구로 전락해버린 것입니다.

인공지능도 마찬가지입니다. 최근 인공지능을 활용한 기술이 발전하면서 여러 사회 문제가 새롭게 생겨나고 있는데요. 노벨이 발명한 다이너마이트처럼 인공지능 기술 자체는 좋고 나쁨을 가릴 수 없습니다. 사용자의 의도에 따라 인류의 발전에 쓰일 수도, 악용될 수도 있는 것이죠. 그럼 인공지능을 올바르게 사용하려면 어떻게 해야 할까요? 인공지능을 개발, 운영하고 사용하는 모든 사회 구성원이 충분한 논의를 거쳐 윤리적인 기준을 세워야 합니다. **인공지능 시대를 살아가는 모두가 함께 지켜야 할 사회적 규범**, 즉 인공지능 윤리가 필요한 것이죠.

인공지능의 순기능과 역기능

스피커, 세탁기 등 일상생활에서 자주 사용하는 물건의 상당수엔 벌써 인공지능 기술이 적용되고 있습니다. 지금의 속도로 기술이 발전한다면 5년 후에는 인공지능이 없는 삶을 상상조차 못할 수 있어요. 급격히 변화하는 사회와 달리 정작 그 안에서 살아가는 우리는 인공지능이 삶에 미칠 영향에 대해 깊이 생각해 보지 않은 경우가 많습니다.

'딥페이크'(Deepfake)에 대해 들어보셨나요? 딥페이크는 딥러닝과 가짜의 합성어로 인공지능을 활용해 특정 인물의 얼굴, 신체, 음성을 다른 영상에 합성하는 기술을 말해요. 사진, 동영상에 담긴 동작, 목소리 등을 학습해 먼저 세상을 떠난 가족의 영상을 만드는 것이 대표적입니다. 우리나라 연예인이 영어로 한국의 문화를 소개하는 공익광고 영상을 만들 수도 있습니다. 연예인의 이미지를 학습해 가짜 영상을 만들고 비슷하게 꾸며낸 목소리로 외국어를 더빙하면 간단하죠. 한편 딥페이크는 인공지능 중에서도 범죄에 악용될 가능성이 높은 기술로 꼽히는데요. 해외에서는 가족, 친구의 목소리를 무단으로 복제해 보이스피싱에 악용하는 악질 범죄가 일어나기도 했습니다. 유명인의 얼굴을 합성해 가짜 뉴스를 만들거나 음란물을 제작해 유포했다는 소식은 국내에서도 심심치 않게 들려오죠.

인공지능이 우리 삶을 편하게 가꿔줄 유용한 도구라는 점엔 이견이 없습니다. 어떤 부분에서는 사람보다 더 뛰어난 성과를 만들어낼 수도 있죠. 하지만 사전에 통제하지 않는다면 의도치 않은 부정적인 결과를 낳을 가능성도 분명히 존재합니다. 바로 이 점이 인공지능 시대를 살아갈 아이들에게 인공지능 윤리에 대해 가르쳐야 하는 이유입니다. 학생 스스로 인공지능의 순기능과 역기능에 대해 생각해 보고 자신만의 윤리 기준을 세우도록 지도해야 하는 것이죠.

인공지능이 마주할 윤리적 딜레마

의료용 인공지능의 오진으로 환자가 죽었다면 책임은 누구에게 있을까요? 인공지능 챗봇 서비스가 온라인상의 부적절한 말을 학습해 인종차별적 발언을 한 경우는요? 인공지능 기술의 발전은 이처럼 다양한 윤리적 문제를 안고 있는데요. 잠재적인 문제를 예측하는 과정에서 예방법과 해결 방안을 생각해 낼 수 있기 때문에 오용의 가능성을 미리 인식하고 다방면으로 예상해 보는 것이 매우 중요합니다.

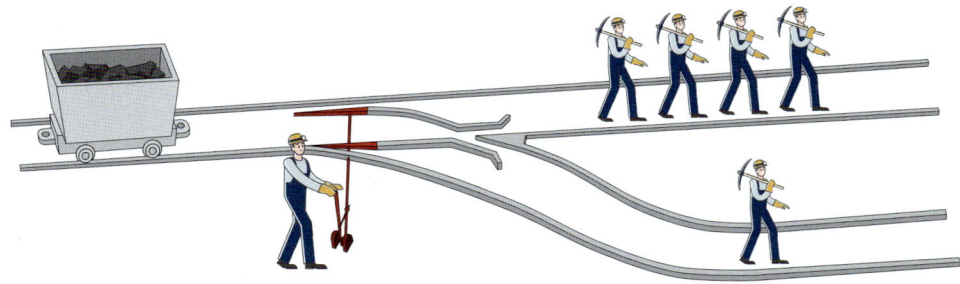

가장 대표적인 상황은 트롤리 딜레마입니다. 레일을 달리고 있는 기차가 있다고 가정해 볼게요. 이 기차는 브레이크가 고장 난 상태입니다. 눈앞에는 기차 레일을 정비하기 위해 나온 인부들이 일을 하고 있습니다. 이대로 가다간 4명의 인부와 부딪혀 큰 사고로 이어질 거예요. 옆을 살펴보니 인부 한 명만 레일 위에 서 있습니다. 만약 여러분이 기장이라면 기차의 방향을 바꿔 4명의 목숨을 살릴 건가요? 아니면 그대로 돌진해 1명을 구할 건가요? 이처럼 통제 불가능한 기계가 다수 또는 소수의 사람을 희생시켜야만 하는 상황에서 어느 쪽을 선택할 것인지 묻는 질문이 바로 트롤리 딜레마입니다.

트롤리 딜레마는 자율 주행 자동차의 사례에서 쉽게 확인할 수 있습니다. 자율 주행 자동차는 인공지능 센서로 수집한 데이터를 바탕으로 상황을 판단하고 정해진 알고리즘에 따라 행동합니다. 여러분이 자동차 알고리즘 설계자라면 차량 안의 운전자를 보호하는 시스템을 만들 건가요? 아니면 운전자가 다치더라도 차량 밖의 보행자들을 살리는 방향으로 알고리즘을 설계할 건가요? 이번엔 소비자가 되어 생각해 봅시다. 여러분이 자율 주행 자동차를 구매한다면 운전자와 차량 밖 보행자 중 어느 쪽을 보호하는 차를 선택하실 건가요?

인공지능 윤리 기준

과학기술정보통신부는 인공지능 윤리에 대해 3대 기본 원칙과 10대 핵심 요건을 발표했습니다. 3대 기본 원칙이란 인공지능을 개발하고 활용할 때 고려해야 하는 기준을 정리한 것입니다. 하위 요소인 10대 핵심 요건은 기본 원칙 실현을 위해 필요한 세부 요건으로 구성되어 있습니다.

3대 기본 원칙

① 인간 존엄성 원칙
- 인간은 신체와 이성이 있는 생명체로 인공지능을 포함하여 인간을 위해 개발된 기계제품과는 교환 불가능한 가치가 있다.
- 인공지능은 인간의 생명은 물론 정신적 및 신체적 건강에 해가 되지 않는 범위에서 개발 및 활용되어야 한다.
- 인공지능 개발 및 활용은 안전성과 견고성을 갖추어 인간에게 해가 되지 않도록 해야 한다.

② 사회의 공공선 원칙
- 공동체로서 사회는 가능한 많은 사람의 안녕과 행복이라는 가치를 추구한다.
- 인공지능은 지능정보사회에서 소외되기 쉬운 사회적 약자와 취약 계층의 접근성을 보장하도록 개발 및 활용되어야 한다.
- 공익 증진을 위한 인공지능 개발 및 활용은 사회적, 국가적, 나아가 글로벌 관점에서 인류의 보편적 복지를 향상시킬 수 있어야 한다.

③ 기술의 합목적성 원칙
- 인공지능 기술은 인류의 삶에 필요한 도구라는 목적과 의도에 부합되게 개발 및 활용되어야 하며 그 과정도 윤리적이어야 한다.
- 인류의 삶과 번영을 위한 인공지능 개발 및 활용을 장려하여 진흥해야 한다.

10대 핵심 요건

① 인권보장
- 인공지능의 개발과 활용은 모든 인간에게 동등하게 부여될 권리를 존중하고, 다양한 민주적 가치와 국제 인권법 등에 명시된 권리를 보장하여야 한다.
- 인공지능의 개발과 활용은 인간의 권리와 자유를 침해해서는 안 된다.

② 프라이버시 보호
- 인공지능을 개발하고 활용하는 전 과정에서 개인의 프라이버시를 보호해야 한다.
- 인공지능 전 생애주기에 걸쳐 개인정보의 오용을 최소화하도록 노력해야 한다.

③ 다양성 존중
- 인공지능 개발 및 활용 전 단계에서 사용자의 다양성과 대표성을 반영해야 하며, 개인 특성에 따른 편향과 차별을 최소화하고, 상용화된 인공지능은 모든 사람에게 공정하게 적용되어야 한다.
- 사회적 약자 및 취약 계층의 인공지능 기술 및 서비스에 대한 접근성을 보장하고, 인공지능이 주는 혜택은 특정 집단이 아닌 모든 사람에게 골고루 분배되도록 노력해야 한다.

④ 침해금지
- 인공지능을 인간에게 직간접적인 해를 입히는 목적으로 활용해서는 안 된다.
- 인공지능이 야기할 수 있는 위험과 부정적 결과에 대응 방안을 마련하도록 노력해야 한다.

⑤ 공공성
- 인공지능은 개인적 행복 추구뿐만 아니라 사회적 공공성 증진과 인류의 공동 이익을 위해 활용해야 한다.
- 인공지능은 긍정적 사회변화를 이끄는 방법으로 활용되어야 한다.
- 인공지능의 순기능을 극대화하고 역기능을 최소화하기 위한 교육을 다방면으로 시행하여야 한다.

⑥ 연대성
- 다양한 집단 간의 관계 연대성을 유지하고, 미래세대를 충분히 배려하여 인공지능을 활용해야 한다.

- 인공지능 전 주기에 걸쳐 다양한 주체들의 공정한 참여 기회를 보장하여야 한다.
- 윤리적 인공지능의 개발 및 활용에 국제사회가 협력하도록 노력해야 한다.

⑦ 데이터 관리
- 개인정보 등 각각의 데이터를 그 목적에 부합하도록 활용하고, 목적 외 용도로 활용하지 않아야 한다.
- 데이터 수집과 활용의 전 과정에서 데이터 편향성이 최소화되도록 데이터 품질과 위험을 관리해야 한다.

⑧ 책임성
- 인공지능 개발 및 활용 과정에서 책임 주체를 설정함으로써 발생할 수 있는 피해를 최소화하도록 노력해야 한다.
- 인공지능 설계 및 개발자, 서비스 제공자, 사용자 간의 책임소재를 명확히 해야 한다.

⑨ 안전성
- 인공지능 개발 및 활용 전 과정에 걸쳐 잠재적 위험을 방지하고 안전을 보장할 수 있도록 노력해야 한다.
- 인공지능 활용 과정에서 명백한 오류 또는 침해가 발생할 때 사용자가 그 작동을 제어할 수 있는 기능을 갖추도록 노력해야 한다.

⑩ 투명성
- 사회적 신뢰 형성을 위해 타 원칙과의 상충관계를 고려하여 인공지능 활용 상황에 적합한 수준의 투명성과 설명 가능성을 높이려는 노력을 기울여야 한다.
- 인공지능 기반 제품이나 서비스를 제공할 때 인공지능 활용 내용과 활용 과정에서 발생할 수 있는 위험 등의 유의 사항을 사전에 공지한다.

• 소요 시간 •   • 난이도 •

자율 주행 자동차의 고민, 누구를 살려야 할까?

모럴 머신(Moral Machine)은 다양한 트롤리 딜레마 상황을 체험해 볼 수 있는 플랫폼입니다. 자율 주행 자동차의 설계자가 돼서 운전자와 보행자 중 어느 쪽을 살려야 할지 결정해 볼까요? 모둠별로 트롤리 딜레마를 해결할 수 있는 방안에 대해서도 생각해 봅시다.

활동 과정

① 모럴 머신 사이트에 접속해 '시작하기'를 클릭합니다.

② 13가지 트롤리 딜레마 상황을 나만의 윤리 기준에 따라 판단합니다.

 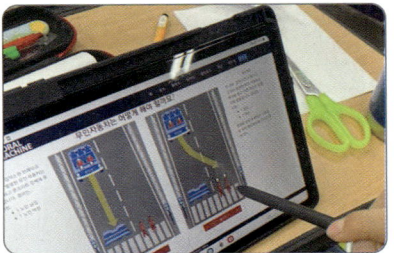

③ 나의 판단 성향을 확인한 후 친구와 비교해 봅니다.

④ 모둠별로 트롤리 딜레마를 해결할 수 있는 방안에 대해 토의합니다.

⑤ 모둠별 윤리 원칙을 적은 후 발표합니다.

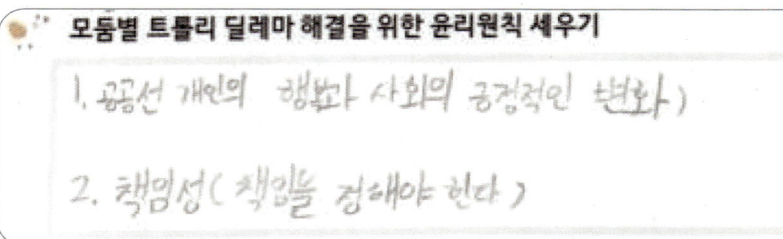

모둠별 트롤리 딜레마 해결을 위한 윤리원칙 세우기
1. 공공선 개인의 행복과 사회의 공정적인 변화)
2. 책임성 (책임을 정해야 한다)

유원쌤의 팁

- 학생들이 자신만의 도덕적 기준에 대해 충분히 생각해 볼 수 있도록 시간 여유를 두고 진행해 주세요.
- 인공지능 개발과 활용 과정에서 고려돼야 할 원칙에 대해 꼭 안내해 주세요. 더불어 모든 생명은 소중하다는 점을 강조해 인공지능이 갖춰야 할 책임성에 대해 숙고해 보도록 지도합니다.
- 인공지능 윤리에서는 사회적 합의가 필요함을 강조해 주세요. 학생별로 판단 성향을 파악한 후에는 다양한 이해관계자의 관점에서 인공지능 윤리 쟁점에 대해 논의하도록 안내합니다.
- 토의할 땐 다른 친구의 의견도 존중하는 자세를 보이도록 도와주세요.

수업 설계안

교육부는 초등 5~6학년 대상 인공지능 교육 내용을 '인공지능의 이해', '인공지능의 원리와 활용', '인공지능의 사회적 영향' 영역으로 구성했습니다. 영역별 세부 항목은 아래의 표와 같습니다.

영역	세부 영역
인공지능의 이해	인공지능과 사회
	인공지능과 에이전트
인공지능 원리와 활용	데이터
	인식
	분류, 탐색, 추론
	기계학습과 딥러닝
인공지능의 사회적 영향	인공지능의 영향
	인공지능 윤리

마지막 항목인 '인공지능의 사회적 영향' 영역은 사회에서 발생하는 여러 윤리 문제를 통해 인공지능의 긍정적, 부정적 영향을 알아보는 내용을 포함합니다. 또한 올바른 방향으로 인공지능을 활용하도록 하기 위해 윤리 교육이 필요함을 언급하고 있습니다. 이러한 측면에서 본 수업은 학생들에게 익숙한 자율 주행 자동차의 사례로 윤리 문제를 짚어 보고 다양한 딜레마 상황을 체험해 보는 활동으로 구성했습니다.

수업 흐름은 어떻게 구성하나요?

자율 주행 자동차에 대해 설명하며 수업을 시작합니다. 동영상 자료를 통해 자율 주행 자동차에서 발생할 수 있는 윤리적 선택 상황에 대해 간략히 알아보고 자동차 개발자가 되어 다양한 상황을 가정해 봅니다. 그다음 트롤리 딜레마를 체험할 수 있는 모럴 머신(Moral Machine)에 접속합니다. 모럴 머신은 열세 가지의 상황을 제시한 후 사용자의 선택을 분석해 판단 성향을 도출해 주는데요. 이때 학생들이 자신만의 윤리 기준을 생각해 볼 수 있는 시간을 충분히 제공하는 것이 좋습니다. 판단이 끝나면 친구들과 서로의 성향을 공유하며 윤리적 딜레마에서 어떤 선택을 하는 것이 옳을지 논의하는 시간을 갖습니다.

어떤 효과가 있나요?

모럴 머신을 활용한 수업은 학생들의 사고력 확장에 도움을 줍니다. 모럴 머신은 '차에는 어린이 1명과 성인 1명이 타고 있고 횡단보도에는 노숙자 3명이 건너고 있다'는 식의 상세 설명을 제공하는데요. '어린이와 노숙자 중 누구의 목숨이 더 가치 있을까?' 등의 질문으로 연결해 수업을 진행할 수 있습니다. 학생들에게 다양한 생각거리를 던져 줄 수 있는 것이죠.

1차시

단계	내용	시간(분)
도입	• 자율 주행 자동차의 윤리적 선택 알아보기	3
전개	• 모럴 머신 체험하기 • 자율 주행 자동차의 트롤리 딜레마 상황 경험하기	34
정리	• 자율 주행 자동차의 윤리적 문제 분석하기	3

수업 지도안

 학습 목표

자율 주행 자동차의 윤리적 문제에 대해 분석하고 이에 대한 자신의 생각을 이야기할 수 있습니다.

 준비물

도구	주요 활동
태블릿 PC 또는 컴퓨터	트롤리 딜레마 상황 경험하기

교육 과정 연계

교과	성취기준
도덕	[6도02-03] 인간과 인공지능 로봇 간의 다양한 관계를 파악하고 도덕에 기반을 둔 관계 형성의 필요성을 탐구한다.
국어	[6국01-02] 의견을 제시하고 함께 조정하며 토의한다.

수업 자료
다운로드

1차시 수업 지도안

학습 목표	자율 주행 자동차의 윤리적 문제에 대해 분석하고 이에 대한 자신의 생각을 이야기할 수 있습니다.		
준비물	수업 PPT, 활동지, 태블릿 PC 또는 컴퓨터, 동영상 자료		
학습 단계		시간(분)	활용 자료 및 지도 팁
도입	● 동기 유발 　- 자율 주행 자동차의 정의 알아보기 　　• 자율 주행 자동차: 운전자나 승객의 조작 없이 자동차 스스로 운행이 가능한 자동차 　- 자율 주행 자동차의 문제점에 대해 이야기하기 ● 학습 목표 제시 　- 자율 주행 자동차의 윤리적 문제에 대해 분석한 후 자신의 생각을 이야기하기	3	
전개 1	● 활동 1. 자율 주행 자동차의 윤리적 선택 알아보기 　- 자율 주행 자동차에서 발생할 수 있는 윤리적 선택 상황 알아보기 　- 자율 주행 자동차의 윤리적 문제를 다룬 영상 시청하기 　- 자율 주행 자동차 개발자가 된다면 어떤 선택을 하는 자동차를 개발할지 친구와 의견 나누기	5	• 참고 자료: 자율 주행차 시대를 앞두고 해결해야 할 문제들 (출처: 유튜브_YTN2)
전개 2	● 활동 2. 윤리적 딜레마 상황 경험하기 　- 모럴 머신 사이트를 활용해 트롤리 딜레마 체험하기 　- 나의 결정 성향을 알아보기 　- 친구들과 체험 결과 나누기	14	TIP 학생이 자신만의 도덕적 기준을 생각해 볼 수 있도록 충분한 시간을 주어야 합니다.
전개 3	● 활동 3. 자율 주행 자동차의 윤리적 문제 분석하기 　- 자율 주행 자동차의 사고 책임 알아보기 　- '인공지능 윤리 기준'을 바탕으로 다양한 이해관계자들의 입장이 되어 토론하기	15	TIP 정부에서 배포한 인공지능 윤리기준 3대 기본 원칙, 10대 핵심 요건을 기준으로 합니다. TIP 토의를 할 때 다른 친구의 의견도 존중하도록 돕습니다.
정리	● 정리하기 　- 배운 내용 정리하기 　- 자율 주행 자동차의 윤리적 문제에 대해 새롭게 알게 된 점과 느낀 점 공유하기	3	

수업 PPT

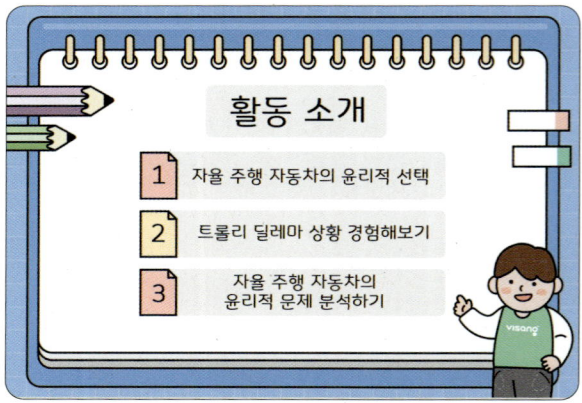

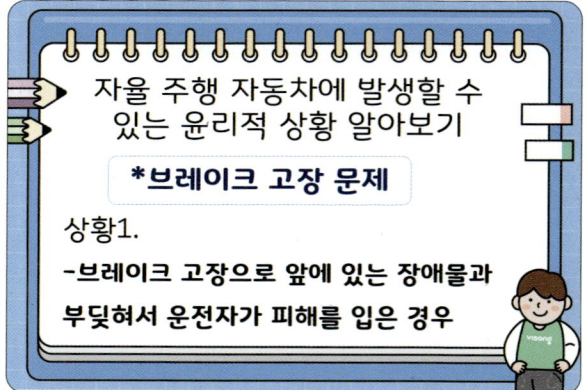

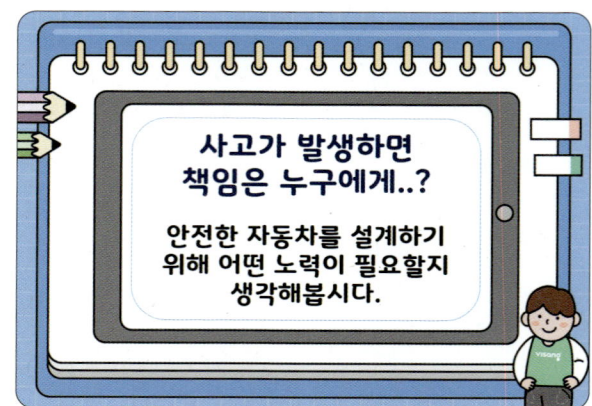

학생 활동지
자율 주행 자동차의 윤리 문제 이해하기

학년   반   이름

■ [자동차 관리법 제 2조]에서 정의하는 자율 주행 자동차란 무엇인가요?
_____
_____

■ 다음 두 상황을 보고 물음에 답하세요.

<상황 1>	<상황 2>
자율 주행 자동차의 브레이크가 고장이 나서 앞의 장애물과 부딪혀 운전자가 다친 경우	자율 주행 자동차의 브레이크가 고장이 나서 앞의 장애물을 피해 다른 차선의 보행자를 다치게 한 경우 (운전자는 다치지 않음)

1. 만약 내가 자율 주행 자동차의 개발자라면 두 상황 중 어떤 선택을 하도록 설계할 것인가요?

2. 만약 자율 주행 자동차에 사고가 발생하면 누구에게 책임이 있을까요?

C.I.A (Class In A.I)

 # 인공지능 수업 Q&A

인공지능 수업을 진행하다 보면 생각지도 못한 어려움이 발생하실 겁니다. 연구회를 운영하며 선생님들께서 가장 많이 하셨던 질문들을 Q&A 형식으로 모아봤습니다. 선생님들의 수업과 공부에 도움이 되길 바랍니다.

 인공지능 교육에 도전해 보려 합니다. 저 역시 배운 적이 없어 가르치면서도 이게 맞나 싶습니다. 워낙 전문적인 분야라고 생각돼 무척 어렵게 느껴지고 학생들에게 질문이 들어올까 조마조마합니다.

 선생님. 인공지능 교육에 도전하신 것부터 대단하시다는 말씀을 드리고 싶습니다. 인공지능 교육 자체가 아직 도입 초기 단계이기 때문에 자신감을 가지셔도 된다고 생각합니다. 일단 성취기준을 중심으로 학습 목표를 명확히 잡아 보세요. 수업 설계 방향을 정하기 더 수월해질 거예요. 처음부터 높은 수준의 인공지능 지식 전달을 학습 목표로 설정할 필요는 없습니다. 원리 수업이 부담스럽다면 플랫폼 수업으로 가볍게 접근해 보세요. 선생님이 즐겁게 임하면 학생들도 재밌어한답니다.

인공지능 수업을 처음 시작할 땐 교육의 필요성을 먼저 짚어주는 것이 좋습니다. 인공지능 교육의 중요성을 알고 계신 선생님들과 달리 학생들은 왜 배워야 하는지 모르는 경우가 많습니다. 학생의 미래 생활과 진로에 큰 영향을 준다는 사실을 1차시에서 배우면 이후 수업에 더 적극적으로 참여하게 됩니다. 관련 수업 내용과 PPT는 본문의 QR 코드를 스캔하면 확인하실 수 있으니 다양하게 활용해 보세요.

 책에 소개된 인공지능 교육을 교실에 적용할 때 웹캠, 태블릿 등을 준비하기가 어렵습니다. 교실마다 구축된 환경이 다를 땐 어떻게 해결하시나요?

 선생님이 계획하신 수업의 학습 목표를 달성할 수 있는 언플러그드 활동을 먼저 찾아보세요. 플랫폼 수업을 하고 싶은데 태블릿 준비가 어렵다면 스마트폰을 이용하는 것도 좋은 방법입니다. 스마트폰으로 접속할 수 있는 인공지능 플랫폼이라면, 2인

1조를 구성해 조당 한 대의 스마트폰으로 수업을 진행해 보세요. 완벽한 수업은 없습니다. 실패해도 괜찮으니 다양한 방법을 시도해 보는 것이 더 중요합니다.

학생들에게 가르치고 싶은 내용을 명확히 정리해 보는 방법도 있습니다. 시중에 인공지능 원리를 체험할 수 있는 플랫폼이 많이 나와 있는데요. 예를 들어 머신러닝의 지도 학습 원리를 다룬 플랫폼으론 티처블 머신과 머신러닝 포 키즈가 있죠. 웹캠 활용이 가능하다면 티처블 머신을, 안 된다면 머신러닝 포 키즈로 대체할 수 있어요. 학습 목표에 맞는 여러 인공지능 플랫폼을 찾아본 후 플랫폼별 준비물을 파악하면 수업 환경에 맞게 변형하며 활용할 수 있답니다.

 인공지능 교육에 교구가 꼭 필요한가요? 관련 예산이 넉넉지 않아 고민입니다.

교구 활동은 인공지능 교육의 일부에 불과합니다. 교구 없이도 인공지능 원리를 체험할 수 있는 양질의 플랫폼이 많으니 책에 소개된 수업에 먼저 도전해 보시는 것을 추천합니다. 코로나19 이후 학교에도 컴퓨터, 태블릿 등이 많이 보급됐고 스마트폰으로 접속할 수 있는 플랫폼도 있어 어렵지 않게 따라 하실 수 있을 겁니다.

교구를 활용한 수업을 원하신다면 교육청별 교구 대여 시스템을 활용해 보세요. 예산 문제로 구입이 어렵다면 필요한 교구를 먼저 대여해 체험한 후 구매하는 편이 합리적입니다. 대여 시스템을 운영하고 있는 교육청 두 곳을 소개해 드릴게요. 먼저 서울시는 서울교육포털(www.ssem.or.kr)에서 오조봇, 햄스터로봇, 3D펜, 아두이노 등을 제공하고 있습니다. 경기도교육청은 경기SW·AI교육지원센터(swai.goe.go.kr)를 통해 AI코딩로봇 알파미니, 네오쏘코, 스파이크프라임, 오큘러스, 주미로봇 등을 지원합니다. 교육청마다 교구, 공간 등을 빌려주는 시스템이 마련돼 있으니 틈틈이 찾아보면 도움이 많이 되실 거예요.

🐝 인공지능 교육의 효용성에 의문이 듭니다. 사람은 인공지능의 사용 방법만 알면 되는 것 아닐까요? 굳이 모든 학생이 인공지능의 원리, 관련 기술에 대해 깊이 배울 필요가 있는지 모르겠습니다.

👨‍🏫 많은 분들이 공감하실 것 같아요. 우리가 컴퓨터의 작동 원리를 몰라도 컴퓨터를 매일 사용할 수 있듯 인공지능도 비슷하다고 생각하는 분들이 많으니까요. 하지만 컴퓨터 활용 능력에 따라 사람의 생산성에 차이가 난다는 사실은, 선생님들이 더 체감하고 계실 거예요. 우리 세대에서 가장 강력한 무기는 컴퓨터지만 학생들이 살아갈 미래의 무기는 인공지능이 될 것입니다. 따라서 최소한의 인공지능 교육은 필수로 진행돼야 합니다. 앞으로 학교에서 진행되는 인공지능 수업은 미래 사회를 살아가는 데 필요한 최소한의 기초 소양 정도로 생각하면 좋을 것 같습니다. 우리가 살고 있는 세상은 이미 수많은 인공지능 기술로 둘러싸여 있습니다. 관련 산업도 나날이 늘어나고 있죠. 혹시 인공지능과 연관된 진로를 선택하지 않으면 그만이라고 생각하셨나요? 우리가 지금 만나고 있는 아이들은 관련 진로를 선택하지 않아도 곳곳에 인공지능 기술이 스며든 세상을 살아가게 될 거예요. 따라서 인공지능을 이해하고 활용하는 힘은 곧 세상을 살아가는 힘이 되어 줄 것입니다.

🐝 인공지능 지식 자체를 가르쳐야 할지 인공지능을 활용한 교육을 해야 할지 고민입니다.

👨‍🏫 인공지능 교육과정은 이해, 활용, 융합 교육의 세 분야로 구성돼 있습니다. 세 영역 모두 유기적으로 연결되어 있기 때문에 병행할 필요가 있습니다. 인공지능이 낯선 선생님들께는 인공지능 활용 교육이나 교과 수업에 인공지능을 녹이는 융합 교육을 추천해 드립니다. 이후 심화 수업에 대한 갈증이 느껴지시면 원리 교육으로 나아가 주세요.

🐝 인공지능 사용이 아이들의 사고력을 빼앗진 않을까요? 인공지능이 다 알아서 해주면 그만큼 스스로 하려 하지 않을 것 같아요.

👨‍🏫 인공지능 교육은 단순히 인공지능을 사용하는 교육이 아닙니다. 인공지능을 사용하는 데 필요한 지식과 기능을 배우는 것을 넘어 인공지능과 더불어 살아가는 삶을 위해

지향해야 하는 가치, 삶의 방식까지 포괄하는 넓은 개념이죠. 궁극적으로 인공지능은 인간을 돕는 도구입니다. 도구를 사용하는 것 때문에 인간 본연의 능력인 사고하는 힘이 떨어진다고 보기는 어렵습니다. 인공지능 사회에서는 지금까지의 생각하는 힘과는 다른, 새로운 방향의 사고력이 필요합니다. 변화하는 사회에 맞춰 새로운 차원의 사고력을 길러주는 것이 진정한 교육의 목적이라고 생각합니다.

인공지능 윤리는 어떻게 가르쳐야 하나요?

각 시도교육청은 인공지능 윤리 교육 가이드북을 제작해 배포하고 있습니다. 시도교육청 홈페이지나 인터넷 검색을 통해 간편하게 다운로드할 수 있으니 확인해 보세요. 초등 수준에서 인공지능 활용 교육에만 집중하면 가치에 대한 논의가 배제될 수 있습니다. 국어, 도덕 등 교과 토론, 토의 수업에서 인공지능 윤리에 대해 이야기를 나누도록 지도해 보세요. 학생에게 문제 상황을 제시한 후 논의하게 하면 인공지능 사회에 필요한 가치에 대해 스스로 생각해 보게 될 것입니다.

출처: (좌)서울특별시교육청, (우)경기도교육청

Q 얼마나 공부해야 하는 걸까요? 업무 시간 외에 인공지능 공부를 따로 해야 하는 점이 부담스럽습니다.

A 책을 읽고 계신 선생님이라면 반 이상 이루셨다고 생각합니다. 너무 바빠서 인공지능 공부에 시간을 할애할 수 없다면 다른 선생님이 만들어 놓은 활동 자료를 구해 AI 활용 교육, 융합 교육 등에 접목해 보세요. 다른 사람의 자료를 따라 해 보는 것만으로도 효과는 충분합니다. 재밌게 따라오는 학생들의 모습을 보며 더 배우고 싶은 마음이 생긴 후에 공부해도 늦지 않습니다.

Q 인공지능 교육에 대해 궁금증이 생길 때 바로 질문할 수 있는 전문가나 창구가 없어 답답합니다.

A 저희 연구회는 비상교육 비바샘을 통해 인공지능 교육 강의를 진행할 예정이며 관련 문의도 상시적으로 받고 있습니다. 책을 읽으면서 인공지능 교육과 관련된 질문이 생겼다면 저자 이메일로 연락 주세요. 확인하는 대로 답변드리겠습니다.

Q 인공지능에 대해 공부하고 싶습니다. 도움이 되는 책이나 공부 방법 등을 추천해 주세요.

A 요즘은 유튜브, 출판사별 강의 등이 활성화되어 있어 마음만 있다면 얼마든지 다양하게 활용할 수 있습니다. 다른 선생님의 강의를 듣고 어느 정도 배경지식을 쌓은 후 완성된 수업을 몇 번 따라 하다 보면 응용 수업도 어렵지 않으실 거예요. 저희 책은 인공지능 원리에 대한 기본 내용부터 데이터 활용, 이론 수업 등 다방면의 내용을 다루고 있으니 하나씩 사용하며 인공지능 수업의 감을 익혀 보세요. 각 교육청에서 배부하는 인공지능 교육 가이드북, 인공지능 융합 교육 사례 100선 등의 자료도 유용합니다. 매년 업데이트되는 교육청 자료를 체크해 보시고 필요한 내용을 골라 수업에 활용해 보세요.

전문적으로 인공지능에 대해 공부하고 싶다면 고등학교 인공지능 교과서를 추천드립니다. 기초 교과서만 공부하셔도 인공지능을 한층 더 깊이 이해할 수 있습니다. 이때 교과서를 눈으로 훑어보는 데서 멈추지 마시고 꼭 실습을 병행해 주세요.

저자 후기

유준상 • 대학원에서 인공지능 전공을 선택한 후 배운 지식을 실제 교실에 적용해 보고 싶은 마음이 가득했습니다. 하지만 막상 적용하니 배운 내용과 초등 사이의 수준 차이가 있었고, 교구 및 수업 환경이 준비되지 않아 정말 힘들었습니다. 이 책은 저희가 겪었던 시행착오를 정리하고 보완한 결과물입니다. 많은 선생님들께 도움이 되었으면 좋겠습니다.

김소정 • 집필하는 과정에서 지나간 수업들을 돌아볼 수 있었습니다. 어떠한 점이 부족했는지, 앞으로는 어떻게 발전시켜 나갈 것인지를 고민하고 또 고민해 보았습니다. 막히는 부분이 있을 때마다 동료 선생님들이 큰 힘이 되었고, 앞으로도 그러리라 생각합니다. 이 책이 인공지능이 어렵고 답답할 때마다 쉽게 꺼내어 볼 수 있는 책이 되었으면 좋겠습니다.

엄주익 • 책을 통해 교실에서 인공지능 기술 활용에 대한 다양한 접근을 공유할 수 있어 매우 기쁩니다. 많은 선생님들의 경험과 지식이 연구회에 모이고 환류되어, 누구나 쉽게 인공지능 리터러시를 키울 수 있는 실제적인 방안을 정리하는 데 큰 도움이 되었습니다. 이 책이 선생님들에게 인공지능 활용 교육에 대한 새로운 아이디어를 제공하고 학생들의 학습 경험을 확장시키는 데 도움이 되길 바랍니다.

이다정 • 책을 출판한 지금은 C.I.A 연구회에 참여하길 잘했다고 생각하지만 인공지능 초보로서 처음 들어왔을 땐 어려운 점이 정말 많았습니다. 책을 읽는 선생님들도 막막한 마음에 시작하셨다면 용기를 내서 챕터별로 따라 해 보시길 추천드립니다. 시작이 반이니까요!

이인혁 • 나날이 발전하는 인공지능 기술에 비해 학교 현장은 이를 따라가지 못하는 것이 현실입니다. 연구회에서 배우고 느낀 인공지능 수업의 어려움과 가능성을 여러분께 나눌 수 있어 참 뿌듯합니다. 인공지능 수업이 막막하고 어렵게 느껴지는 분들께 저희 책을 꼭 추천하고 싶습니다.

이제욱 • 인공지능 수업을 해오면서 학생들과 서로 성장하는 뜻깊은 시간이었습니다. 그 시간을 특별한 결과물로 만들 수 있어 너무나 행복합니다. 처음 시작했을 때의 막막함이 학생들의 성장으로 이어진 순간의 감동을 나눌 수 있게 되었으니까요. 전국에 계시는 선생님들, 모두 파이팅!

이혜지 • 책을 집필하며 처음 인공지능 수업을 접했을 때가 떠올랐습니다. 호기심 반, 두려움 반으로 시작했지만 지금은 알면 알수록 매력적인 인공지능 수업에 푹 빠져 버렸습니다. 책을 접하신 선생님들도 인공지능 수업의 매력을 느끼고 아이들과 함께 나누는 시간을 보내시면 좋겠습니다.

장형운 • 연구회의 여러 선생님과 함께하며 처음엔 막막했던 인공지능 수업이 어느덧 재밌어지는 경험을 했습니다. 전국의 선생님께 저희의 경험이 조금이나마 도움이 되길 바랍니다. 인공지능 교육이 필수인 시대! 이 책을 펼친 선생님을 응원합니다.

주은영 • 훌륭한 선생님들과 함께 나눈 고민의 결과는 매 수업에서 빛이 났습니다. 아직 인공지능에 대해 공부하는, 막 걸음마를 뗀 수준이지만 다른 선생님들께 조금이나마 도움이 되었으면 하는 마음에서 집필에 참여했습니다. 인공지능 수업을 처음 시작한 모든 선생님을 응원합니다.

하윤주 • 대학원 진학 후에도 인공지능은 막연히 어렵게만 느껴졌는데요. 연구회에 들어온 덕에 깊이 있는 배움과 성찰이 가능했던 것 같습니다. 스스로의 성장을 느낄 수 있었고 좋은 분들과 함께 할 수 있어 행복했습니다.

홍유원 • 책을 집필하는 과정에서 인공지능 수업의 필요성을 한 번 더 느끼고 깊이 공부할 수 있었습니다. 인공지능 수업이 어렵게 느껴지는 선생님, 수업에 흥미를 더하고 싶으신 선생님들께 저희의 책을 적극 추천합니다.

초등 인공지능 수업 첫걸음

초판 1쇄 발행	2023년 7월 3일
지은이	유준상 김소정 엄주익 이다정 이인혁 이제욱 이혜지 장형운 주은영 하윤주 홍유원
펴낸곳	㈜비상교육
펴낸이	양태회
기획책임	비상교육 교과서정책코어 공아름
기획 및 편집	비상교육 창의융합콘텐츠셀 차진희 유지명
표지디자인	썸띵
내지디자인	썸띵
등록번호	제14-1654호
주소	서울특별시 구로구 디지털로33길 48 대륭포스트타워 7차 20층
대표전화	1544-0554
ISBN	979-11-6940-493-8

- 이 책은 저작권법에 따라 보호를 받는 저작물이므로 무단 전재와 복제를 금합니다.
- 이 책 내용의 전부 또는 일부를 사용하려면 반드시 저작권자와 ㈜비상교육의 서면 동의를 받아야 합니다.
- 파손된 책은 구입하신 서점에서 교환해 드리며 책값은 뒤표지에 있습니다.